红色广东丛书

广东中央苏区

兴宁革命简史

中共广东省委党史研究室
中共梅州市委党史研究室
中共兴宁市委党史研究室
编著

SPM
南方出版传媒
广东人民出版社
·广州·

图书在版编目（CIP）数据

广东中央苏区兴宁革命简史 / 中共广东省委党史研究室，中共梅州市委党史研究室，中共兴宁市委党史研究室编著. —广州：广东人民出版社，2021.6

（红色广东丛书）

ISBN 978-7-218-15005-5

Ⅰ. ①广…　Ⅱ. ①中…②中…③中…　Ⅲ. ①中央苏区—革命史—兴宁　Ⅳ. ① K269.4

中国版本图书馆 CIP 数据核字（2021）第 087333 号

GUANGDONG ZHONGYANG SUQU XINGNING GEMING JIANSHI

广东中央苏区兴宁革命简史

中共广东省委党史研究室
中共梅州市委党史研究室　编著
中共兴宁市委党史研究室

版权所有　侵权必究

出 版 人：肖风华

责任编辑：沈海龙
封面设计：河马设计　李卓琪
责任技编：吴彦斌　周星奎
排版制作：广州市广知园教育科技有限公司

出版发行：广东人民出版社
地　　址：广州市海珠区新港西路 204 号 2 号楼（邮政编码：510300）
电　　话：（020）85716809（总编室）
传　　真：（020）85716872
网　　址：http://www.gdpph.com
印　　刷：广东鹏腾宇文化创新有限公司
开　　本：787 mm×1092 mm　1/16
印　　张：10.25　　　　字　数：104 千
版　　次：2021 年 6 月第 1 版
印　　次：2021 年 6 月第 1 次印刷
定　　价：38.00 元

如发现印装质量问题，影响阅读，请与出版社（020 — 85716849）联系调换。
售书热线：（020）85716826

《红色广东丛书》编委会

主　编：陈建文

副主编：崔朝阳　李　斌　杨建伟　谭君铁

编　委：（以姓氏笔画为序）

总 序

百年征程波澜壮阔，百年大党风华正茂。习近平总书记在党史学习教育动员大会上指出："我们党的一百年，是矢志践行初心使命的一百年，是筚路蓝缕奠基立业的一百年，是创造辉煌开辟未来的一百年。"翻开风云激荡的百年党史，一代又一代中国共产党人，用鲜血和生命浸染了党旗国旗的鲜亮红色，书写了可歌可泣的历史篇章，铸就了彪炳史册的丰功伟绩。一百年来，党的红色薪火代代相传，革命精神历久弥坚，红色基因已深深根植于共产党人的血脉之中，成为我们党坚守初心、永葆本色的生命密码。

广东是一片红色的热土，不仅是近代民主革命的策源地，也是国内最早传播马克思主义、最早成立共产党早期组织的省份之一。在新民主主义革命的漫长历程中，广东党组织在中共中央的领导下，发动、组织和领导广东人民开展了一系列广泛而深远的革命斗争。1921年，广东党组织成立后，积极开展工人运动、青年运动，并点燃农民运动星火。

第一、二、三次全国劳动大会连续在广州召开，全国工人运动的领导机关——中华全国总工会在广州诞生。中国社会主义青年团第一次全国代表大会在广州召开，促进了全国团组织的建立、发展。在"农民运动大王"彭湃领导下，农潮突起海陆丰影响全国。

1923年，中共中央机关一度迁至广州，中国共产党第三次全国代表大会在广州召开，推动形成了第一次国共合作，建立了国民革命联合战线，掀起了大革命的洪流。随后，在共产党人的建议下，黄埔军校在广州创办，周恩来等共产党人为军校的政治工作和政治教育作出了重要贡献，中国共产党也从黄埔军校开始探索从事军事活动。在共产党人的提议下，农民运动讲习所在广州开办，先后由彭湃、阮啸仙、毛泽东等共产党人主持，红色火种迅速播撒全国。1925年，广州和香港爆发省港大罢工，声援五卅运动，成为大革命高潮时期一个十分引人注目的重要斗争。1926年，在统一广东革命根据地后，国民革命军在广州誓师北伐，以共产党员为骨干的北伐先锋叶挺独立团所向披靡，铸就了铁军威名。在北伐战争胜利推进的同时，广东共产党组织和党领导的革命队伍迅速扩大和发展，全省工农群众运动也随之进入高潮。

1927年"四一二"反革命政变以后，广东共产党组织在全国较早打响反抗国民党反动派血腥屠杀的枪声，广州起义与南昌起义、秋收起义一起，成为中国共产党独立领导中国革命、创建人民军队的伟大开端。随后，广东党组织积极探索推进工农武装割据，在海陆丰建立第一个县级苏维埃政权，并率先开展土地革命，开启了中国共产党领导人民进行的最重大的社会变革。与此同时，广东中央苏区逐步创建和发展起来，为中国革命的发展作出了不可磨灭的贡献。1931年，连接上海中共中央机关与中央苏区的中央红色交通线开辟，交通线主干道穿越汕头、大埔，成功转移了一大批党的重要领导，传送了重要文件和物资，成为土地革命战争时期党的红色血脉。1934年，中央红军开始了举世瞩目的长征，广东是中央红军从中央苏区腹地实施战略转移后进入的第一个省份，中央红军在粤北转战21天，打开了继续前进的通道，成功走向最后的胜利。留守红军在赣粤边、闽粤边和琼崖地区进行了艰苦卓绝的游击战争，高举红旗永不倒。

抗战全面爆发后，中共中央和中共中央长江局、南方局十分重视和加强对广东党组织的领导，选派了张文彬等大批干部到广东工作。日军侵入广东以后，广东党组织奋起领导广东人民开展敌后抗日游击战争，成立了东江纵队、琼崖纵队、珠江纵队、广东人民抗日解放军、南路人民抗日解放军和韩江纵队等抗日武装，转战南粤辽阔大地，战斗足迹遍及70多个县市。华南敌后战场成为全国三大敌后抗日战场之一，党领导的广东人民抗日武装被誉为华南抗战的中流砥柱。香港沦陷以后，在中共中央的领导和周恩来等人的精心策划安排下，广东党组织冲破日军控制封锁，成功开展文化名人秘密大营救，将800多名被困香港的文化名人、爱国民主人士及家眷、国际友人等平安护送到大后方，书写了抗战史上的光辉一页。

解放战争时期，在中共中央的领导下，华南地区大力开展武装斗争，开辟出以广东为中心的七大块游击根据地，成立了中国人民解放军琼崖纵队、粤赣湘边纵队、闽粤赣边纵队、桂滇黔边纵队、粤中纵队、粤桂边纵队和粤桂湘边纵队等人民武装，其中仅广东武装部队就达到8万多人，相继解放了广东大部分农村，在全省1/3地区建立起人民政权，为广东和华南的解放创造了有利条件。在广东党组织的配合下，人民解放军南下大军发起解放广东之役，胜利的旗帜很快插遍祖国南疆。

革命烽火路，红星照南粤。广东见证了中国共产党从新生到大革命、土地革命，再到抗日战争、解放战争等革命斗争全过程。其间，毛泽东、周恩来、刘少奇、朱德、邓小平、叶剑英、彭德怀、刘伯承、贺龙、陈毅、聂荣臻、徐向前、李富春、粟裕、陈赓等老一辈革命家和李大钊、蔡和森、瞿秋白、陈延年、彭湃、叶挺、杨殷、邓发、张太雷、苏兆征、杨匏安、罗登贤、邓中夏、恽代英、萧楚女、阮啸仙、张文彬、左权、刘志丹、赵尚志等一大批革命先烈都在广东战斗过，千千万万广东优秀儿女也在革命斗争中抛头颅、洒热血，留下了光照千秋的革命历史和革命精神。广东这片红色热土，老区苏区遍布全省，大大小小的革命遗址分布各地，留下了宝贵而丰厚的红色文化历史遗产。

习近平总书记强调，中国革命历史是最好的营养剂。重温这部伟大历史能够受到党的初心使命、性质宗旨、理想信念的生动教育，必须铭记光辉历史、传承红色基因。我们有责任把党领导广东人民进行革命斗争的光辉历史和伟大功绩研究深、挖掘透、展示好，全面呈现广东红色文化历史，更好地以史铸魂、教育后人，让全省人民在缅怀英烈、铭记历史中汲取砥砺奋进的强大力量，让人们深刻认识红色政权来之不易，新中国来之不易，中国特色社会主义来之不易，确保红色江山的旗帜永远高高飘扬。

为充分挖掘广东红色文化资源的丰富内涵，我们组织省内党史、党校、社科、高校等专家学者，集智聚力分批次编写《红色广东丛书》。丛书按照点面结合、时空结合、雅俗结合原则，分为总论、人物、事件、地区、教育五个版块。总论版块图书，主要综述中国共产党在广东的革命斗争历史概况，人物版块图书主要讴歌广东红色人物，事件版块图书主要论说党领导广东人民开展革命斗争的历史事件，地区版块图书从地市和历史专题角度梳理广东地域红色文化，教育版块图书着力打造面向青少年及党员的红色主题教材。丛书以相关的文物、文献、档案、史料为依据，对近些年来广东红色文化资源研究成果做了一次全面系统梳理，我们希望这套丛书能为党史学习教育、革命传统教育、爱国主义教育提供重要内容支撑。

一切向前走，都不能忘记走过的路，走得再远、走到再光辉的未来,也不能忘记走过的过去,不能忘记为什么出发。站在"两个一百年"的历史交汇点上,我们要更加坚定自觉地学史明理、学史增信、学史崇德、学史力行,赓续红色血脉,传承红色基因,以一往无前的奋斗姿态、风雨无阻的精神状态,推动广东在全面建设社会主义现代化国家新征程中走在全国前列、创造新的辉煌。

《红色广东丛书》编委会

2021 年 6 月

五里黄粤兴屋——东征军作战指挥部旧址

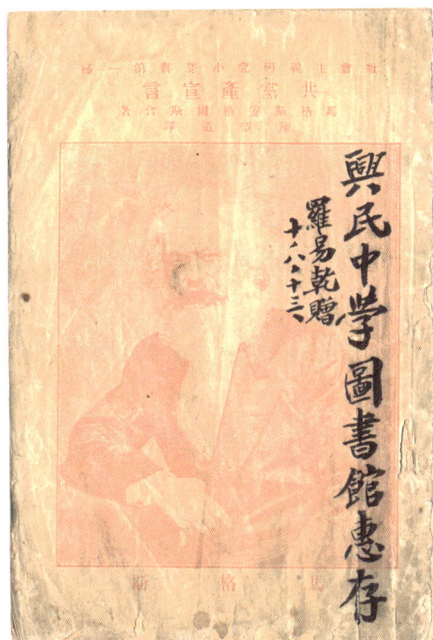

陈望道翻译的中国最早的《共产党宣言》中文全译单行本首版，1921年8月由兴宁籍在外学生罗易乾送给兴民中学图书馆（国家图书馆藏）

1925 年 3 月 30 日,东征军大坝里召开追悼孙中山及阵亡将士大会(兴宁市历史纪念馆　藏)

兴宁学宫——兴宁新文化运动发源地

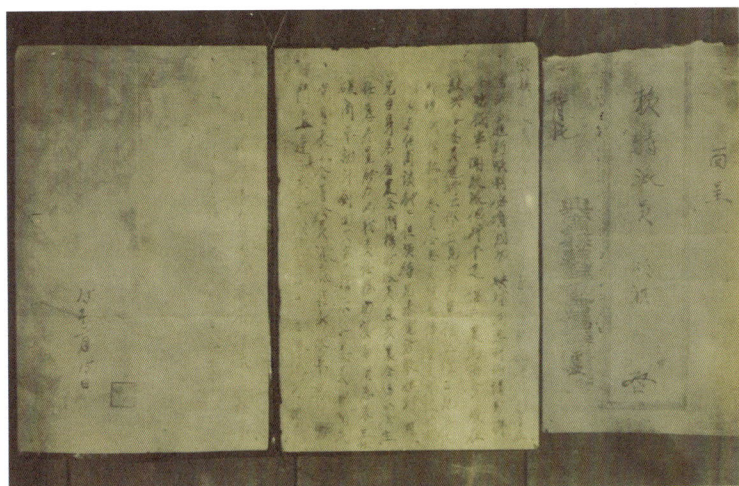

卢惊涛写给赖颂祺的信（兴宁市档案馆　藏）

两海会馆——周恩来召开农民运动骨干会议旧址

1928年1月5日，兴宁农运代表曾观莲等10人参加彭湃在汕头主持召开的东江农民代表大会。图为全体代表合影

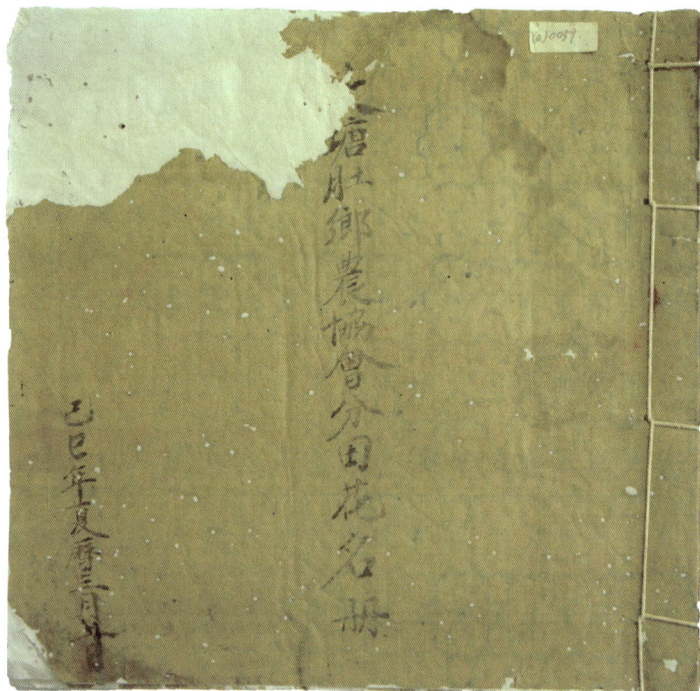

大塘肚乡农协会分田花名册封面（龙川县博物馆　藏）

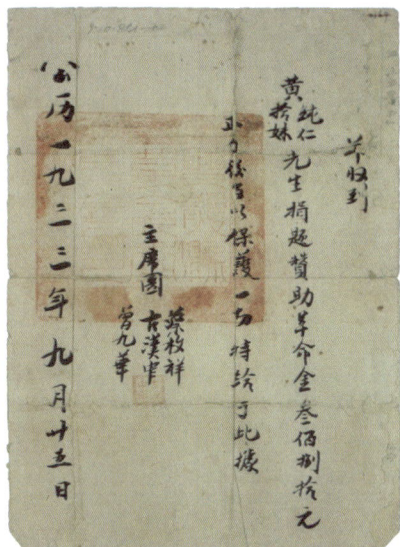

兴龙县苏政府（县革命委员会）为解决经济给养，给回龙苏区捐题革命款之富户开具的收款据（龙川县博物馆 藏）

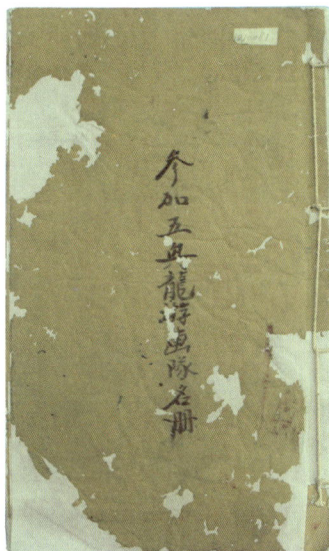

五兴龙游击队名册封面（龙川县博物馆 藏）

拱辰门——"五一八"武装暴动旧址

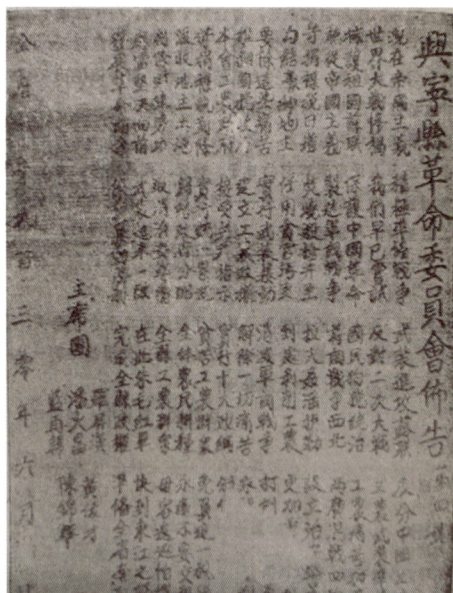

兴宁县革命委员会布告（第四号）

龙门第——中共兴宁县革命委员会旧址

兴凤寺——广东工农革命军东路第十二团整训据点

东鲁第——中共五兴龙县委会、五兴龙苏维埃政府机关旧址

罗浮新南村鞍山上李和秀屋右侧墙上的"从今年起田地归农民耕种永不交租"标语

葆光厦——东江红军第五十团团部旧址（罗浮镇政府　提供）

土地革命时期兴宁第五区信蕉乡
赤卫队点名册（兴宁市档案馆　藏）

刘光夏写给其兄的部分信件（兴宁市档案馆　藏）

闽粤赣边五兴龙苏
维埃政府印章1（龙川县
博物馆　藏）

闽粤赣边五兴龙苏
维埃政府印章2（龙川县
博物馆　藏）

中共兴宁县委主办《红旗》报旧址

迎薰门——"九三"武装暴动旧址

梅子坑胡屋——"九三"暴动誓师大会、"五县联合暴动"会议旧址

何香凝兴宁演讲处旧址

被日军炸毁的民房
（兴宁市档案馆　藏）

罗清桢木刻版画《追击》（1938 年）

罗清桢木刻版画《以轰炸还轰炸》
（1939 年）

陈铁耕木刻版画《阿 Q 正传插图》1
（1940 年）

陈铁耕木刻版画《阿 Q 正传插图》2
（1940 年）

罗清桢

李洁之

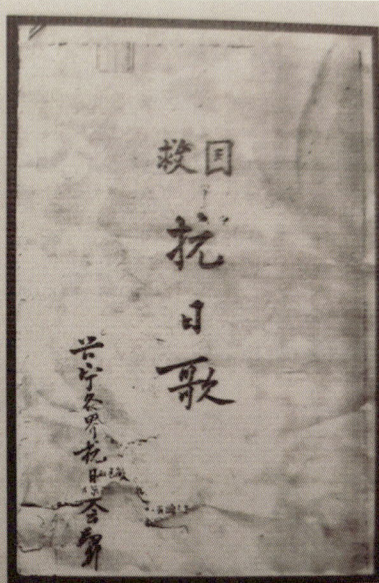

全民抗战期间兴宁部分抗日宣传资料

朱振汉遗书

兴宁县政府安排中
大师生住宿一事的代电

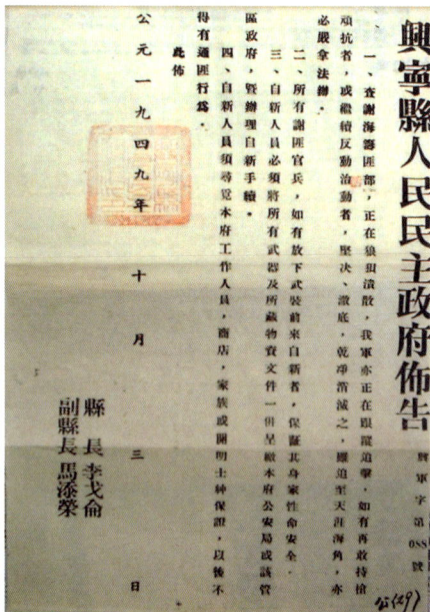

1949 年 10 月，兴宁县政府劝降布告

1949 年 10 月 19 日，兴宁各界庆祝中华人民共和国中央人民政府成立大会升旗仪式

目 录

第二章　土地革命战争时期

后　记

前　言

　　兴宁地理位置优越，位于广东省东北部的东江、韩江上游，东连梅县，南邻丰顺，西接五华、龙川，北倚平远、江西寻乌。兴宁历史悠久，建县于东晋咸和六年（331 年），由古龙川分治而立，以古宁江（现五华岐岭河）而取名，含有"兴旺安宁"之义，县治设在今五华县华城镇雷公墩。南朝齐永明元年（483 年）至宋天禧三年（1019 年），辖境多次变迁。自宋熙宁四年（1071 年）分设长乐县（现五华县）后，县境相对稳定。明洪武二年（1369 年），县治由洪塘坪移至今兴城。1958 年 1 月，平远县并入兴宁。1961年 1 月，复置平远县，县境各按原辖范围。1994 年 6 月，经国务院批准，兴宁撤县设市，为县级市。

　　兴宁是一块有光荣革命传统的土地。自东晋置县至中华人民共和国成立的 1618 年间，兴宁人民在长期的封建社会和半殖民地半封建社会中挣扎奋斗，备受苛捐杂税和高租高利贷残酷剥削，历尽沧桑，迫切希望改变现状。明清时期，县民为反对贪官、豪绅的压迫剥削，聚众起事，此起彼伏。1905 年孙中山在日本东京成立同盟会时，参加同盟会的兴宁籍留日学生就有 14 人。

　　中共兴宁地方党组织是在 1925 年 11 月广州国民政府第二次

东征取得胜利后,工人运动不断发展的形势下诞生的,并在漫长的革命斗争中不断成长壮大。东征军在兴宁的革命活动和周恩来对兴宁革命运动的直接指导,对兴宁革命斗争的兴起和发展起到了极其重要的作用。1926年春,中共兴宁第一个党小组在县政府宜楼宣告成立,同年10月改设为支部,12月又改设为特别支部。中共兴宁党组织成立后,致力于农民运动,农会组织由小到大,由平原发展到山区,乡农会由最初4个增到36个,会员1万多人。工运、学运和妇运也蓬勃发展起来。

为了反抗1927年蒋介石发动的四一二反革命政变,配合中共广东区委组织的夏季讨蒋行动,中共兴宁党组织谋划了"五一八"暴动。首次暴动虽未成功,但点燃了武装斗争的星星之火。时隔不久的"九三"暴动,拉开了兴宁土地革命的序幕,暴动成功后队伍汇集永和湖尾,建立了广东工农革命军东路军第十二团,成立了中共兴宁县委员会,促使"打土豪,分田地"的斗争在全县遍地开花。先后建立了水口、大坪与大塘肚、大信、新村为中心的4块革命根据地。1929年3月,在龙川大塘肚成立的闽粤赣边五兴龙苏维埃政府更是将土地革命的火越烧越旺。随着革命根据地迅速发展、壮大,至1929年冬,五兴龙苏区的范围几乎比刚成立时扩大两倍。其后成为东江革命根据地乃至闽粤赣苏区的重要组成部分,为保卫中央苏区的南方屏障作出了重要贡献。

抗战时期,日军虽未抵兴宁县境,但遭日军频繁窜扰袭击和轰炸。全面抗战爆发后,1939年2月,在中共广东省委的领导下重建了中共兴宁党组织。1940年1月,成立了中共兴宁县中心区委员会。在统一战线的旗帜下,各地党组织在县委领导下奋起展开抗日救亡运动和对国民党顽固派进行各种斗争，创办《岭东日报》和出版《救亡文摘》，成立抗日救亡团体，做好各界人士的统战工作，掀起抗日救亡的高潮。这期间，爱国民主人士何香凝抵达兴宁，开展抗日救亡宣传活动。1942年五六月间发生的"南委事件"，使兴宁党组织遭到严重的破坏，两次被逼停止活动。直到1945年7月，中共兴宁支部在叶塘富祝径水口围成立，兴宁党组织才又恢复活动。

解放战争时期，兴宁党组织积极开展地下革命活动，发展武装队伍，开展游击斗争，摧毁旧政权。1949年5月18日，在中共香港分局和地方党组织的策动下，兴宁的国民党军政人员宣布起义，兴宁历史从此翻开崭新的一页。

在新民主主义革命斗争历程中，兴宁党组织带领兴宁人民在建立新政权的征途上，转战宁江大地，历尽艰险，前仆后继，用生命和热血谱写了兴宁革命历史的光辉篇章。历史证明，兴宁党组织是一支坚强的、经得起长期考验的队伍。尽管在征途中有过两次短时间的停止活动，但是兴宁党组织领导下的共产党员和革命群众仍在不同的岗位上，百折不挠，勇往直前。革命的胜利来之不易。从大革命时期到解放战争时期，兴宁共涌现出450多名烈士，其中277名烈士的鲜血洒在兴宁的土地上，31名区级以上的干部献出了宝贵的生命，1000多名群众惨遭杀害[1]。此外，仍有数以千计的无名英烈失考。他们用自己的血肉之躯开辟了兴宁的新天地。

---

[1] 中共兴宁县委组织部、中共兴宁县委党史资料征集研究委员会办公室、兴宁县档案馆编：《中共广东省兴宁县组织史资料、广东省兴宁县政军统群组织资料》，内部资料，1988年，第6页。

第一章
党组织的创建和大革命时期

第一节　兴宁党组织成立前夕

一、社会矛盾的日益激化

20世纪20年代初，地处粤东北的小城的兴宁百姓与全国其他地方一样，深受地主、富农、军阀的残酷剥削和压迫，生活困苦不堪。"匪军遍地，暴敛横生，农辍于耕，工失于肆，商罢于市，百业凋零"①，便是大革命前夕兴宁社会状况的真实写照。

农民在政治上、经济上遭受了残酷的压迫和剥削。特别是在军阀陈炯明的部属林虎的盘踞下，与地主豪绅相互勾结，以苛捐杂税和高租高利残酷剥削人民，经常拉丁勒索，抢劫财物，无恶不作。加上兴宁连年水灾频繁，危害深重，土地大量集中在地主手中，农村生产日益凋敝，民不聊生。有的被迫卖儿卖女，背井离乡，逃荒要饭；有的为谋求生路，跟随亲友或"水客"移居海外或充当"猪仔"和苦工；还有的给地主出卖劳力，当牛做马。

1919年4月29日，在旅沪粤侨商业联合会的一次会议上，会长陈炳谦讲到广东的社会状况："兴宁、梅县、五华连年水灾，

① 余伯流：《中央苏区经济史》，江西人民出版社1995年版，第2页。

颗粒无存……市肆萧条，工铁停业，采布荆叶黄苍藋杂糠屑煮食者，比比皆是，鬻子卖妻，但求可延片刻之命，即挥涕送之。"兴宁广大民众在帝国主义、官僚军阀和封建地主的剥削压榨下，生活极其贫困，迫切希望改变现状，革命的星火一触即燃。

二、五四运动和马克思主义在兴宁的传播

五四运动的消息传到兴宁后，各界人士特别是广大师生热烈响应北京的学生运动，迅速投入反帝爱国的洪流。兴宁县立中学、兴民中学及附城的大部分学生纷纷集会，示威游行，提出"打倒帝国主义""坚决抵制日货""打倒军阀"等口号，组织宣传队，向城镇居民和郊区农民进行宣传；各区乡的学生也纷纷举行示威游行。学生的爱国行动，唤醒了民众，激发了人民的爱国热情。接着，组织了仇货（指英、日两国的商品）检查队，分赴西郊永泰关、南郊大南关、南济桥及城外鸡麻颈等水陆交通要道，缉查所有入县城的货物。他们把拦截的英、日两国商品，送往城内统一处理，给奸商买办以沉重打击。与此同时，他们还上街逐店搜查英、日货，并把查获的商品集中到县城大坝里放火烧毁。

这场以先进青年学生为主要力量的声援五四运动、抵制日货的斗争，使兴宁人民受到了一次生动的爱国主义教育，促进了兴宁青年的觉醒，开启了他们探寻救国救民道路的历程。1925年冬，

由蓝胜青、冯宪章、廖仕达等人组织的旅梅同学剧社、兴宁县立中学剧社、兴民中学剧社，在县城大坝里共同举行公演晚会。演出大型多幕话剧《山河泪》《青春的悲哀》《苛政猛于虎》《打城隍》《一字误》等剧，对反帝反封建剥削、反迷信愚昧、争取婚姻自由等起到了很好的宣传效果。1926年9月，兴宁县立中学成立"青年革命先锋团"，以反帝反封建为宗旨，积极开展反对奴化教育的择师择长运动。兴宁人民同全国人民一道，踏上了新民主主义革命的新征程。

在五四运动大潮的影响下，传播马克思主义成为新文化运动的主流。兴宁青年知识分子如饥似渴地学习革命书刊，如《共产党宣言》《新青年》《向导》《叛逆者》等，在思想上受到马克思列宁主义的影响。特别是1925年年初，兴宁县学生联合会成立后，县图书馆也得到扩充，为广大学生、群众提供了较好的学习场所。一批先进的知识分子在学习马克思主义过程中，逐渐成长起来，成为早期的革命宣传者和组织者。

三、海陆丰农民运动与兴宁工农运动的兴起

大革命时期，彭湃领导的海陆丰农民运动声势浩大，震撼全国。1923年1月，成立中国第一个县农会——海丰总农会，彭湃当选为会长。他为总农会制定了章程、农会证、农会印、农会旗

等。1923 年 4 月，彭湃到陆丰推动农民运动，协助成立了陆丰县农会筹备会。6 月 23 日，陆丰县总农会成立。1923 年 11 月，彭湃在汕头发起组织了惠潮梅农会，农民运动扩展到五华等 10 个县，声势颇为浩大。第一次国共合作后，彭湃担任中共广东区委委员、区委农委负责人和国民党中央农民部秘书、广东省党部农民部长。他在广州举办农民运动讲习所，担任第一届和第五届农讲所主任，为广东乃至全国培养农民运动骨干。

彭湃领导的海陆丰农民运动蓬勃发展，其势如暴风骤雨迅猛异常，席卷东江及全省。兴宁与海陆丰毗邻，海陆丰的农民运动给兴宁以很大的影响。

兴宁的农民运动，是在彭湃组织和领导的海陆丰农民运动的影响下兴起的。1924 年 10 月初，彭湃委派赖颂祺为潮梅农运特派员回兴宁领导农民运动。赖颂祺与国民党中央党部农民部委派的兴宁农运特派员卢惊涛一起，首先在刁坊黄岗村宣传发动群众，组织成立了黄岗乡农民协会。1924 年年底，在兴城西河背潮州会馆成立了兴宁县农民运动筹备委员会。此时，兴宁的农民运动在附城（现兴田街道）各区已初具规模。1925 年 2 月，赖颂祺、卢惊涛又深入到小洋乡大竹围屋侧角的学堂——"琼林书舍"召开农民大会，宣传海陆丰农运经验，发动群众加入农会。在德新学校正式成立小洋乡农民协会，共有会员 400 多人，大会选举曾焕康、曾炳秀、曾广用、曾灶生、曾进兰、曾观莲、曾玉华、曾上安、曾宪珠为执行委员，农会主席曾焕康，副主席曾观莲。其后，又成立了双岗、横江、郑岗、虾蟆垄、集贤、神光等农民协会，会员 1000 多人。

彭湃对兴宁的农运给予了极大的关注。1925 年 3 月间，彭湃在汕头获悉兴宁农运兴起的消息，特委托在五华做农运工作的特派员曾汉屏到兴宁协助工作。在曾汉屏的协助下，卢惊涛在观音塘（河背）刁屋主持召开了兴宁农民代表会，并成立了兴宁农民协会，会议选举卢惊涛为县农民协会主席，委员赖颂祺（兼秘书）、曾汉屏、曾铎君、赖怀秋（志尧）。会址设在兴宁县政府旁边文昌祠楼上（后迁至潘家祠）。

在农民运动兴起的同时，工人运动也迅速发展。1925 年 9 月，在曾不凡等共产党人的领导下，兴宁的工会组织逐步建立起来，先后在糕饼业、染布业等多个行业中组织了工会，正式改组了兴宁县总工会。会址设在东街陈家祠，选举曾不凡为总工会主席。在县总工会的领导下，工人运动不断发展。

第二节　两次东征在兴宁

一、东征军播下革命的火种

第一次国共合作后，广东的革命势力日益发展，帝国主义和地主买办资产阶级极为恐惧。原粤军总司令、军阀陈炯明背叛革命，自 1922 年退据粤东东江一带后，一直和广州孙中山领导的革命政府对抗。1924 年，陈炯明趁孙中山北上之机，自封为"救粤军总司令"，纠集洪兆麟、林虎等部，以 7 个军 6 万多兵力集中于河源、惠州、兴梅、潮汕等地，准备进攻广州。为消除隐患，1925 年 1 月，广东革命政府决定出师征讨。第一次东征的作战部署是："粤军第二师师长张民达为右翼指挥，偕参谋长叶剑英、苏联顾问罗加诺夫等，率粤军二、四师，沿广九铁路之东向平山、淡水攻击；滇军杨希闵为左翼指挥，由增城、博罗向河源及老隆进发；桂军刘震寰为中路指挥，攻击惠州并策应两翼。"但滇桂两路军各怀鬼胎，按兵不动。广东革命政府以黄埔军校学生军和粤军为右路军，由黄埔军校校长、粤军参谋长蒋介石统领，周恩来担任政治部主任的东征增援右翼军，先后于 1925 年 3 月和 10 月两度进入兴宁，消灭陈炯明反动势力。

3月19日凌晨，东征军从五华抄小路进抵兴宁城西永泰关和福兴茅塘等地。在群众的支持下，东征军根据敌军兵力部署，兵分两路，一路经福兴马屋背，首先攻击驻神光山的王定华旅。东征军教导二团和粤军陈铭枢旅如神兵骤至，敌人慌忙应战。经一个多小时激战，东征军大败王定华旅，胜利占领了神光山。另一路以炮火掩护主力挥戈直逼城西永泰关，横扫永泰关守敌后，占领南郊南济桥南面高地，直捣兴宁县城。

1925年3月20日上午，东征军经过激烈战斗，靠近南济桥宁江河南岸，与林虎军展开了一场激烈鏖战，双方死伤多人。恰逢天降大雨，东征军冒雨奋力冲杀。林虎部不支，退兵河唇街、新丰街直至南门、东门各地加强防守。由于兴宁城高濠深，东征军一时亦难以攻克，他们便从南郊群众家里借来许多竹梯、木梯作为登城工具，在火力掩护下，搭起人梯爬上城墙，占据岗楼。东征军一鼓作气，分路进击，激战至深夜。教导二团第九连乘虚由南门破城而入，敌人如鸟兽散，东征军终于占领兴宁县城。林虎率其残兵败将狼狈向兴宁东北面的龙田溃逃。此役计俘虏敌军官60余人、毙其团长1人、俘虏营长5人、击毙营连长数人，俘敌总数在3000人以上；缴获火炮9门、缴枪3000余支、子弹数百万发、军用物资一大批，史称"兴宁大捷"。

东征军第一次东征结束回师广州后，陈炯明残部又占据了东江各县。在兴宁，陈炯明的熊略部1000多人卷土重来，县农民协会被迫解散。1925年9月间，陈炯明勾结北洋军阀和广东南路的邓本殷部，企图夺取广州，推翻广州国民政府。

为了彻底消灭陈炯明的反动势力，在中国共产党的倡议下，广州国民政府决定举行第二次东征。

1925年9月21日，广州国民政府任命蒋介石为东征军总指挥，周恩来为总政治部主任。

10月1日，东征军出发。

1925年10月31日凌晨6时，东征军向兴宁挺进。

林虎、刘志陆由于前次吃了败仗，闻风而逃。

程潜率领部队分别击溃据守兴城西拥慧亭、五里亭一带的陈炯明党羽熊略部1000余人，到下午3时完全占领兴宁县城。

东征军政治部邀集县党部筹备委员及教育界人士商议召开各界联合会及组织农会、工会等问题，并派出宣传员分头进行宣传及张贴标语、散发传单。

11月1日11时，在中山公园（县政府内）召开各界联欢会，参加者达千人。

两次东征的胜利，为兴宁播下了革命火种。

兴宁农民协会筹委会恢复了活动，增加了一批由东征军留下来的干部，加强了兴宁革命运动的领导力量，为后来兴宁党团组织的建立打下了坚实基础。

二、周恩来在兴宁的革命活动^①

1925 年东征期间，周恩来先后担任黄埔军校政治部主任、东征军总政治部主任，负责军中政治工作，先后在兴宁战斗生活了 20 多天。他利用国共合作的有利时机，在兴宁积极开展一系列革命活动。

一是宣传革命思想。周恩来非常重视政治思想工作。为提高人民群众的思想觉悟，周恩来派出一批政治部工作人员到农村、圩镇、学校去做社会调查，发表演讲，宣传革命；在城区，他召开各界人士的座谈会，做演讲，找民众、士兵谈话，宣传中国共产党的主张，宣传三民主义和东征的重要意义，给兴宁人民以极大的鼓舞。1925 年 3 月 12 日，孙中山在北京逝世。驻兴城的东征军及兴宁各界人士于 30 日在县城大坝里举行追悼大元帅及阵亡将士大会，蒋介石宣读誓词，周恩来宣读祭文。

二是促进农运发展。1925 年 11 月，临时主持东江各属的周恩来多次指示兴宁县共产党员要积极开展农运、工运、学运和统战工作。同年冬，兴宁农民协会重新建立和恢复，国民党右派极为恐惧、仇视，指使王霭君等 6 人组织所谓"兴宁农民筹备处及倡办处"，与之对抗。为此，赖颂祺于 1926 年年初赴广州向周恩来汇报，周恩来根据国民党中央执行委员会农民部及广东省农协会的指示，电令罗师扬县长"速将该筹备处解散"，对兴宁的革命

中共梅州市委党史研究室、梅州市中共党史学会编：《周恩来在梅州》，内部资料，1998 年 4 月，第 79 页。

斗争和农运发展起到了极其重要的作用。

三是帮助成立国民党县党部筹备处。周恩来东征率部抵达兴宁期间，认真宣传、贯彻执行党的决定，帮助兴宁建立了以国共合作为基础的革命统一战线组织。1925年3月26日，周恩来在兴民中学召开了有100多名国民党新旧党员参加的联欢大会，周恩来亲自做演讲；并成立了国民党兴宁县党部筹备处，选举陈汉新、罗衍芳、廖廷锷为筹备委员，陈汉新为委员长。为加强县党部筹备处工作，周恩来委派在东征军政治部工作的陈锦华（中共党员、兴宁籍）参加县党部工作。

四是做好上层人物的统战工作。周恩来积极做好地方上层人物的工作，调动各方面的积极因素，解决了东征军在兴宁的燃眉之急。如在东征军第一次攻克兴宁期间，军饷尚缺，周恩来亲赴县府，与兴宁县县长罗师扬商谈筹措军饷之事。

周恩来在兴宁开展的一系列活动，对传播马列主义，开展工农青妇革命运动，发展经济、文化、教育、统一战线、武装斗争立下了不可磨灭的贡献。他在兴宁传播了革命的火种，有力地促进了兴宁工农运动的发展，同时也为党团组织的建立打下了基础。

第三节 兴宁党组织建立及群团组织的发展

一、第一个党小组的建立

1925年冬，在梅县东山中学读书的蓝胜青、冯宪章等以旅梅同学的身份回到兴宁，与兴宁县立中学学生黄集发（黄华蒂）、谭淦等联合在兴城、叶塘等地演出白话剧，举办《宁声周报》，宣传共产主义。寒假后，蓝胜青受共产党的派遣回到兴宁，以农民协会特派员的公开身份，同早在1924年就在兴宁从事农民运动的卢惊涛、赖颂祺一起开展革命活动。中共梅县特别支部（以下简称中共梅县特支）派古柏、萧向荣为联络员到兴宁，他们的任务是代表中共梅县特支往来于梅县、兴宁之间，传达上级指示，加强对兴宁革命工作的联系和指导，发展党团组织。他们共同努力，并肩战斗，致力于兴宁党组织的组建工作。经过一番紧张的筹备，中共兴宁县第一个党小组于1926年春在县政府宜楼成立，组长蓝胜青，成员有赖颂祺、卢惊涛、陈锦华、曾不凡。

1926年8月，中共兴宁支部成立，隶属中共梅县特支领导，书记蓝胜青，委员卢惊涛、赖颂祺、陈锦华、曾不凡。同月，共青团兴宁特支成立，古柏任特支书记。10月，古柏调梅县团地委，萧向荣被委任为兴宁团特支书记。12月，中共兴宁特别支部（以下简称中共兴宁特支）成立，书记蓝胜青，组织委员古柏，委员卢惊涛、赖颂祺、陈锦华、曾不凡，隶属中共梅县特支领导（后属中共梅县部委领导）。

二、群团组织的蓬勃发展

兴宁党团组织建立后，把开展工农运动作为工作的重心，推动革命斗争进入了新的阶段。1926年春，党组织派代表曾观莲等18人出席彭湃在汕头主持召开的"潮汕农民代表大会"回来后，中共兴宁党小组根据会议决议，大力扩展农会组织，开展减租减息、废除苛捐杂税和反对土豪劣绅的斗争。蓝胜青、陈锦华、赖颂祺、罗屏汉、卢惊涛等分别到大信、水口、永和等地进行革命活动。蓝胜青为了提高农民的阶级觉悟，曾编写了不少革命歌谣，如"田主收租矛人情，又要十足又要精；又要饭餐包送到，又要吊佃给别人"等，在农村广为流传，有力地推动了农民运动的发展，使农会由平原发展到山区，由4个乡农会增加到36个。同时，还成立了一个区农会（即第一区），会员人数激增，仅一区12个乡就有会员约3000人，犁头大红旗几乎插遍全县。1926年5月，县农会在小洋乡德新学校召开第一区农会主席联席会，各乡农会主席参加，集中讨论减租减息问题，有力地推动了减租减息和反对土豪劣绅的斗争。工运方面，曾不凡领导工人向资本家要求增加工资、改善生活待遇的罢工斗争。在各行各业工人的团结斗争下，罢工取得了胜利。

在斗争中，兴宁党组织进一步加强了对学生运动的领导，广大学生也积极支持农民运动和反抗国民党右派的斗争。1926年8月，中共兴宁支部通过中共梅县特支的关系，派彭秋帆到兴宁县立中学任政治教员。他以教师职业做掩护，从事领导学生运动，秘密组织"CY"（团）。同时，县立中学还成立"婚姻革命同志会"，宣传男女平等，婚姻自由，反对养童养媳和封建包办婚姻制度，有力地冲击了社会上的反动封建势力，启发了人民的革命斗争觉悟。1927年2月，中共兴宁特支书记蓝胜青派县立中学学生陈瑞乾、马少援前往共青团梅县地委联系工作，与萧向荣认真研究后，商请共产党员李一啸到县立中学任训育主任。李以教书为掩护，从事学生运动，从而加强了党对学生运动的领导，壮大和发展了"CY"组织，发挥了青年学生在革命斗争中的积极作用。

妇女革命运动是党的工作的重要组成部分。大革命时期党组织积极向广大妇女宣传闹革命、打土豪、分田地、求解放的道理，唤醒妇女的革命觉悟。兴宁广大妇女在党的领导下，冲破封建势力的牢笼，摆脱田头地尾和家庭小天地的束缚，走向火热的革命斗争，写下了可歌可泣的篇章。这个时期妇女运动有几个主要特点：

一是妇女运动与农会组织紧密结合。兴宁党支部把争取妇女的彻底解放作为反封建斗争的一项主要内容，并把组织和领导妇女运动列为党的一项重要工作。有的在农会组织中设立妇女代表，有的在成立农会的同时专门成立了妇女合作会组织。妇女运动在农会组织的架构下开展活动，得到迅速发展，出现了崭新的面貌。

二是客家山歌成为宣传革命的重要手段。在大革命及土地革命战争时期，客家山歌成为宣传党和革命斗争路线方针政策的重要载体，团结教育和联系群众的重要渠道，进行革命动员和斗争的重要手段。

三是拖家带口自觉投身革命斗争活动。起来闹革命的，有的是姐妹，如蓝亚梅和蓝银招是堂姐妹；有的是夫妻，其中最为人所知的是英烈刘光夏与蓝亚梅、罗屏汉与张瑾瑜两对夫妻；有的甚至是举家参加革命斗争，如广东工农革命军第十二团妇女宣传员何亚清，1923年与潘火昌结婚后，两人一起动员家里弟、嫂等6人全部报名参加湖尾乡农民协会，并积极串联发动乡里妇女踊跃入会。在她的带动下，湖尾乡有980多名农民踊跃报名，成为当时全县入会人数最多的一个乡。

第四节　革命统一战线与首次暴动

一、组建农民自卫队，坚持革命统一战线

兴宁党组织领导人从革命斗争实践中认识到建立革命武装组织——农民自卫队的重要性。1926年，在全县建立了36个乡农会的同时，各乡农会普遍建立了农民赤卫队，有力地打击了地主豪绅等反动势力。1927年春，兴宁党组织为了培养农民自卫军骨干，在兴城潘家祠举办了农军训练班，主任卢惊涛，政治教官彭秋帆，军事教官陈锦华。学员在训练班里认真学习马列主义，学习农民运动的理论及实施方法，过正规的军事生活，进行严格的军事训练。农军训练班培养了骨干30多人，结业后，派往各乡加强对农民自卫队的组织领导，推动了农民自卫队的发展。

1927年4月12日，以蒋介石为首的国民党右派集团破坏国共合作，在上海发动反革命政变，开始了全国性的反革命大屠杀。兴宁党组织采取果断措施，迅速把领导机关秘密转移到小洋乡。党组织面对严峻的形势，除要求各乡抓好自卫队的训练外，领导成员分别深入农运基础较好的乡村，重点抓小洋、大成、湖尾、

黄石、横江、郑岗、墨池、永和等乡的农民自卫队的军事训练。蓝胜青、卢惊涛、曾不凡到永和湖尾乡后，与当地的潘英、何海、潘火昌一起，进一步扩充农军组织，更新武器，加强军事训练，提高自卫队的素质。经过一段时间的努力，湖尾、黄石乡农民自卫队发展到 160 人，小洋乡 50 人，大成乡 40 人，墨池、茅塘乡各几十人。这些农民自卫队，为后来武装暴动和建立工农武装起了重要作用。

革命运动的蓬勃发展，引起了各种反动势力的恐惧和仇视。为了保卫革命运动，共产党在国民党活动中提出"拥左打右"的口号，不屈不挠地与阻挠和破坏三大政策的国民党右派进行斗争。

第二次东征胜利后，国民党兴宁县党部重新恢复了活动。那时，委员长为陈汉新，组织部部长赖楚琦，宣传部部长赖志尧。1925 年冬，进步青年马少援、胡燧良在县党部工作。兴宁县党部内分成左、右两派，右派以陈汉新为首，左派以赖志尧为首。马少援、胡燧良站在左派一边。1926 年农历二月，两派发生矛盾，展开斗争；到农历三月，斗争达到高潮。三月二十三日，马少援、胡燧良上街散发抨击陈汉新的传单，陈汉新恼羞成怒，勾结县警察，将两人逮捕入狱。党组织领导人蓝胜青闻悉，便向陈汉新提出抗议，把马少援、胡燧良营救出狱。出狱时，蓝胜青还组织群众敲锣打鼓迎接，斗争取得了胜利。

1927 年春，兴宁发生饥荒。兴宁县农民协会决定禁止粮食出口。在国民党右派支持下的投机商人、地主豪绅对此决定置若罔闻，仍大量偷运粮食出口。兴宁县农民协会即组织宁江口岸的水口盐米沙农会义勇队（自卫队），在宁江口上拦截偷运粮食船只。仅在 2 月，就拦截了偷运粮食出口船只数百艘。此举对缓解群众饥荒、打击投机官商偷运粮食的行为起到一定的作用。当时，刁坊区警察局局长黄楚香浮派军饷，欺压农民，辱骂农会为"农匪"，激起了当地农民的愤怒。刁坊区农民自卫队员将他扭送区农会，转解县府惩办。县长谢达夫受贿包庇，将黄楚香释放了，农民气愤至极。正月二十日，县农会召集了刁坊、坭陂、永和、福兴、叶塘等地农会及自卫队 1 万多人在县城南郊游鱼上水大草坪集结示威，抗议县长受贿行为，强烈要求惩办黄楚香。示威队伍先派一区农会主席黄怒青等 3 人与谢达夫谈判，谢达夫狡猾应付，并扣留了农会代表。于是，愤怒的农民群众涌进城内，层层包围了县政府，县长被迫放出被扣的农会代表并交出黄楚香给农会处理，农民斗争获得了胜利。

二、四一二反革命政变后的局势

1927 年 4 月 12 日，正值国共合作北伐战争取得胜利之际，蒋介石集团在上海发动了反革命政变，开始了全国性的反革命大屠杀。广东国民党当局也在广州制造了四一五反革命政变，白色恐怖笼罩着整个广东。兴宁的国民党反动派疯狂地向革命力量进行攻击。他们下令解散农会、工会，镇压农民运动，屠杀共产党人和革命群众。陈锦华到汕头向彭湃请示汇报工作回兴宁后，即被兴宁反动当局秘密拘捕。4月24日，赖颂祺从县农会开完会，在路上遭到6名便衣特务的围捕。事发后，党组织立即在小洋乡农会召开紧急会议，商量研究应对事变的办法，并商议营救赖颂祺，决定4月29日夜发动义勇队攻城劫狱营救。但会议决定被叛徒曾达基泄露了，反动派即于4月28日夜在学前塘城脚下把赖颂祺枪杀了。

同时，国民党反动派为加强治安防共，在城里设立了县治安委员会。各地也设立团防局，各乡建立保甲制度，实行联防联保。他们还派出反革命武装部队到小洋乡、坭陂、永和、水口、盐米沙等地，进行围捕、屠杀、掠夺，无所不为，整个兴宁陷于白色恐怖之中。党组织领导人蓝胜青、卢惊涛、潘英、张超曾、沙伟文、黄佐才、张中、陈坦等被悬赏通缉，被迫转移到南部和北部山区进行革命活动。

三、"五一八"武装暴动

1927年四一二反革命政变后，国民党反动派实行白色恐怖。面对敌人的猖狂进攻，中共兴宁特支领导人为抵抗国民党反动派的屠杀政策，配合中共广东区委组织的夏季讨蒋行动，以革命的武装反对反革命的武装，举行了"五一八"农民武装暴动。

1927年5月上旬，中共兴宁特支根据中共广东区委和梅县斗委的决定，面对敌强我弱的情况，决定利用张英武装部队与国民党反动派的内部矛盾，联合张英攻打县城。经谈判，张英同意联合攻打县城。中共兴宁特支在洋里琼林书舍开会，制订了方案，部署了作战任务，决定于5月18日举行暴动。具体部署是潘英负责组织刁坊墨池乡农军50多人攻打南门，曾不凡负责组织宁中洋里乡农军40~50人攻打北门，张英负责攻打西门。

5月18日，蓝胜青、卢惊涛等人按作战计划，率领事先集结在小洋乡（现洋里村德新小学）的各路农民自卫军，向县城进发，农军指挥部设在城东白衣庵。潘英等率领曾灶生、何海、曾治中、曾观莲、潘火昌、沙大旭、吴祥和等27名敢死队员，从和山坳直奔保障关（现东门外）。当农军抵达马鞭岭时，发现东城门已关闭，只得凭借两层楼的保障关向城墙守敌射击，因敌火力猛烈反扑，农军无法继续前进。与此同时，敌人迅速关闭了东南西北城门，固守顽抗。当张英率部400余人到达城下时，天下大雨，城壕尽没。暴动队伍无攻坚武器，只得在城外向守城之敌射击。在敌军据守、暴动队伍攻不进去的情况下，各路农军先后撤出阵地，首次攻城暴动失败。

"五一八"暴动虽然失败了，但它打响了反抗国民党反动派的第一枪，揭开了兴宁人民以革命武装反抗反革命武装的斗争历史，有力地打击了国民党反动派的嚣张气焰，显示了兴宁党组织不畏强敌、敢于斗争的革命精神，为后来"九三"武装暴动成功奠定了基础。

　　"五一八"暴动引起了国民党反动派的恐慌和仇视。他们出动大批军警、特务到小洋乡、大成等地日夜搜捕，肆意烧杀抢掠，被捕者达200多人，不少共产党人和农军骨干如曾灶生、曾进兰、沙南狗等惨遭杀害，兴宁城乡笼罩在白色恐怖之中。

　　面对国民党反动派的疯狂镇压，中共兴宁党组织从小洋乡转移到福兴梅子坑胡燧良屋，并改变了斗争策略，把革命的主要力量和活动据点从城镇转移到农村、山区，深入发动群众，巩固与发展农民协会，建立革命武装，准备再次举行武装暴动。6月，全县各区乡都举办了夜校，以群众喜闻乐见的民歌形式宣传革命道理，启发农民的阶级觉悟。这个时期的宣传口号主要是"革命到底！""打倒蒋介石！""打倒南京政府！""实行耕者有其田！平分土地！""拥护共产党"。同时，在各区乡大力训练农民自卫队，并成立基干队。当时，农民自卫队在坭陂、永和、水口、罗岗、大坪等地经常袭击反动团防，狠狠地打击了团防头子的反动气焰，壮大了革命声势。为了防止国民党反动派的破坏，党组织在农村还以开设书店做掩护，建立秘密联络点，如罗屏汉与蓝再韩一起，在大坪开办了爱谊书局，在叶塘开设新民书局。

第二章
土地革命战争时期

第一节　武装暴动与红色政权的建立

一、八七会议揭开土地革命的序幕

蒋介石制造的四一二反革命政变和汪精卫召开的七一五"分共"会议，公开背弃孙中山制定的三大政策，导致以国共两党合作为基础的革命统一战线宣告破裂，轰轰烈烈的中国第一次大革命失败了。

为了反抗国民党反动派对共产党和革命派的血腥镇压，1927年8月1日，中共前敌委员会书记周恩来和贺龙、叶挺、朱德、刘伯承等率领2万多人在南昌举行武装起义，打响了武装反抗国民党反动派的第一枪。稍后，他们按中央的部署：撤离南昌南下，迅速先取东江，充实力量，次取广州重建广东革命根据地，如期举行第二次北伐的预定计划。9月，由闽西入粤经大埔、丰顺南下潮汕，后分兵兴宁、五华，攻取惠州。8月3日，中共中央又制定了《关于湘鄂粤赣四省农民秋收暴动大纲》[1]，决定在大革命时

---

① 中共广东省委党史研究室：《中国共产党广东地方史（第一卷）》，广东人民出版社1999年版，第244页。

期工农运动基础较好的湘、鄂、粤、赣4省举行秋收暴动。其中指出：在广东举行秋收暴动，发动土地革命，"有建立新的革命政权的可能的前途"。1927年8月7日，中共中央为纠正党在大革命后期的严重错误，确定新的路线和政策，在汉口召开紧急会议（即八七会议）。会议总结了大革命失败的经验教训，确定了土地革命和武装反抗国民党反动派的总方针，把发动农民举行秋收暴动作为当时党的最主要任务。

八七会议是由大革命失败到土地革命战争兴起的一次历史性转变的会议。八七会议后，中共中央临时政治局派出许多干部到各地传达八七会议精神，指导工作，恢复及整顿党的组织。8月11日，中共中央临时政治局决定在广东同时成立中共广东省委和中共中央南方局。8月20日，由张大雷主持召开中共广东省委会议，传达了八七会议精神，通过了《拥护中央紧急会议之决议》①，同时会议正式成立了中共广东省委。

二、"九三"武装暴动

1927年8月下旬起，中共广东省委在全省范围内再一次掀起了武装起义的高潮——秋收起义。东江地区的潮阳、普宁、海

---

① 中共广东省委党史研究室：《中国共产党广东地方史（第一卷）》，广东人民出版社1999年版，第245页。

丰、五华、大埔、梅县等地相继举行起义，有力地打击了国民党反动派的嚣张气焰，接应了南下的南昌起义部队。兴宁在这一时期同样举行了有计划、有组织、有领导的武装起义——"九三"武装暴动。

"五一八"暴动失败后，中共兴宁特支书记蓝胜青与罗屏汉前往广州向中共广东区委汇报请示工作。返兴后，蓝胜青、曾不凡、刘光夏、卢惊涛等分别到福兴梅子、永和湖尾、水口盐米沙和北部山区的罗岗、大坪等地开展革命活动，为鼓动农民暴动而努力工作。此时，党的革命活动形式由大革命时期的公开活动转为秘密活动，建立革命据点和秘密的联络站，以适应形势变化。同时，中共梅县部委组织委员陈启昌和杨雪如、古柏3人去武汉见到彭湃。彭湃向他们传达了中央军委的指示，要他们回东江重新恢复兴梅地区的武装，举行暴动。8月下旬，陈启昌、杨雪如从武汉回到兴宁，向蓝胜青等传达了八七会议精神，研究决定发动第二次农民武装暴动，攻打兴宁县城，以贯彻党中央和中共广东省委关于在广东举行秋收暴动的决定和接应南昌起义军南下广东。

1927年7月，中共兴宁特支从宁新小洋乡秘密转移至福兴梅子坑胡燧良家中，继续做好暴动准备工作。中共梅县部委派联络员萧向荣到梅子坑敬文小学代课，以教书为掩护，指导兴宁的农民运动。八一南昌起义前夕，在武汉中央军事政治学校训练的刘光夏根据组织指示，返回兴宁组织武装斗争。他按中共梅县部委指示，和蓝胜青、卢惊涛、潘英等取得了联系，传达了秋收起义精神，加紧了暴动的准备工作。

首先，抓紧训练各乡农民义勇军，将在兴城潘家祠"农训班"毕业的学员调整到各乡组织农民义勇队，进行军事训练，提高农军的军事素质。其次，积极组织农军烧制火药、自制引线、赶制土炸弹、筹集枪支弹药等。为扩充武器，蓝胜青派胡芹芳（胡燧良之父）、胡维鑫父子等到五华购买土造步枪一批，还布置城内共产党员、团员和进步学生做好内应工作。1927年9月1日，中共兴宁特支主要领导人蓝胜青、刘光夏、卢惊涛、曾不凡、潘英等在福兴梅子坑胡屋召开了干部会议，中共梅县部委组织委员陈启昌在会议上传达了八七会议指示，决定举行"五一八"暴动后的第二次攻打兴宁城的武装暴动。

9月2日晚，刘光夏、蓝胜青、卢惊涛、潘英集合了湖尾乡、小洋乡、大成乡和茅塘乡、墨池乡等地农民义勇队员100多人，蓝胜青在福兴梅子坑胡燧良屋中誓师攻城，并宣布了战场纪律：（1）行军时不准讲话；（2）进城后非有任务不准入民房、商店；（3）所有缴获要归公。这支农民队伍装备简陋，仅有土造单响步枪17支，短枪4支，自制的土炸弹130颗，其余皆是粉枪、马刀。同时，县立中学党员教师李一啸、团员张和祥等20多人预先埋伏在城南门口内"琅环第"做内应。

当晚12时，刘光夏、蓝胜青率领农民义勇队到达南门坛"游鱼上水"，分三路冲锋攻入城内。其时，埋伏在城内的学生在李一啸、张和祥、伍晋南等率领下积极配合，大放鞭炮，大呼"叶、贺大军来了"。敌人惊恐万状，一片慌乱。驻守在西城楼的陈楚麓武装向东门逃去。农军占领县警察局后，在司前街门口与县自卫队激战了一阵，毙敌 2 人，敌人无心恋战，仓皇逃命。县长廖森圃从县政府后面越墙逃窜。附城的农民义勇队 100 余人，于次日凌晨手执武器亦来支援。至 1927 年 9 月 3 日拂晓，农民暴动队伍占领全城。

这次暴动缴获了许多战利品，包括长枪、短枪 200 多支，子弹 1000 多发，县政府铜印 1 枚，还开监释放囚犯 100 多人。上午 12 时，在县衙西花厅成立了兴宁县苏维埃政府，主席蓝胜青，武装部部长刘光夏，农运部部长卢惊涛，工运部部长曾不凡，文教蓝再韩，秘书邓亨华。并出了安民布告，还迅速向县商会筹获军饷 2000 元。下午 4 时，农军获悉逃窜到和山一带的陈楚麓反动商团武装正调动力量向起义军扑来。为保存实力，避免与敌人对战，蓝胜青、刘光夏决定率领起义队伍撤出县城，转移到永和湖尾乡。

兴宁"九三"暴动是整个广东继夏季讨蒋起义后举行的秋收暴动的组成部分。它比毛泽东等领导的湘赣边的秋收起义（1927 年 9 月 9 日）还要早 6 天；比彭湃领导的海陆丰第三次农民起义（1927 年 11 月）也早近两个月。其时，中共中央政治状况报告中指出："……东江各县曾经被反动政府镇压下去。但是到八月底，叶贺的军队接近广东，农民又起来奋斗……梅县、兴宁、松口等处据报载也有农民暴动的兴起。"[①]1927 年 9 月 13 日《中共广东省委对琼崖工作的指示信》中，特地通报表扬说："东江各县如海陆丰、兴宁、五华、普（宁）、潮阳、揭（阳）、梅县农军都已先后

---

① 中央档案馆编：《中共中央政治报告选辑（一九二二——一九二六年）》，中共中央党校出版社 1982 年版，第 16 页。

起义……"文中所指的兴宁暴动就是"九三"暴动。由此可见，兴宁"九三"暴动不仅是整个广东秋收暴动的组成部分，而且已得到中央、省委的充分肯定。"九三"暴动是在八七会议精神鼓舞下，在中共兴宁特支领导、策动下，总结吸取"五一八"暴动失败教训，认真做好准备工作，有组织、有计划、有领导的革命武装暴动。

"九三"暴动的胜利，充分显示了中共兴宁党组织在革命转折关头的革命胆略、斗争艺术和坚强毅力。这次暴动是中共兴宁党组织对国民党反动派的一次英勇反击，也是中国共产党探索革命道路的一个组成部分。它不仅狠狠地打击了敌人的嚣张气焰，而且极大地鼓舞了人民的进行革命斗争的士气。

三、创建地方武装与中共兴宁县委的成立

（一）创建地方武装十二团

"九三"暴动胜利后，国民党县长纠合反动商团100多人进行反扑。为了保存力量，刘光夏等率农军连夜撤退到永和湖尾乡，根据中共广东省委关于"工农普遍武装起来，并依军事编制组织之"的指示，建立工农革命军，使革命烈火越烧越旺。

1927年9月4日，兴宁党组织在"九三"暴动取得成功后的次日，在永和湖尾召开庆功大会，并成立了广东工农讨逆军第

十五团队，后根据中共中央南方局和中共广东省委联席会议关于"全省工农讨逆军改为工农革命军"的指示，于同年11月改称为广东工农革命军东路军第十二团（以下简称十二团），团长刘光夏。十二团下设驻水口别动队（约50人），同时在兴宁北部建立一支游击队（又称上半县支队）。十二团团部设中共兴宁特别支部（以下简称中共兴宁特支），蓝胜青兼特支书记，保证了党对部队的绝对领导。

十二团建立后，在径心兴凤寺经过短期整训，便投入了战斗，一直转战于兴宁各地以及兴宁与梅县、丰顺、五华等县边区，在艰难曲折的险恶环境中英勇顽强地战斗。

1927年9月，南昌起义队伍贺、叶大军由闽西打入广东大埔、梅县，十二团决定挺进梅县与贺、叶大军汇合。9月26日，十二团经兴宁径心进抵梅县南口，攻打南口自卫队，取得了首战胜利。不料部队在南口时，突遇国民党镇守潮梅的廖鸣欧部一个连由梅县调往兴宁，在南口圩侧发生遭遇战，十二团被冲击四散，撤到径心宝山集合时，全团仅剩50余人。紧接着又遭到陈楚麓反动商团的攻击，部队只得退回永和湖尾，采取日散夜集、化整为零的策略，开展游击活动。

10月，十二团从永和湖尾、径心一带转移到宋声的茂兴、叶塘的朱子赉，丰顺的贵人村、八乡山，五华的布尾、郭田等地打击国民党反动派，镇压土豪劣绅。其中，十二团在径心的大平寺与反动商团陈楚麓部进行激战，击毙陈部十多人；在袭击龙川赤岗警察局的战斗中，击毙敌军26人；在进攻梅县畲坑区署战斗中，活捉区长1人；龙北铁山嶂一役，毙敌十多人。

11月间，十二团驻扎石马，改由周易灵担任参谋长。不久，刘光夏因病住在家里，周易灵发动兵变。在危急关头，潘英率人抓获并枪毙周易灵，彻底粉碎了周易灵叛变夺权的阴谋，十二团转危为安。这次事件史称"石马内变"。

1928年1月10日，刘光夏率十二团到达宋声茂兴、八乡山蒿头，准备与古大存部队会合。其时，广东军阀张发奎部和陈铭枢、李济深部在五华岐岭至老隆铁场一带大举混战。中共兴宁县委认为这是武装暴动的极好时机。蓝胜青、刘光夏率领十二团准备与丰顺郑天保的第十团联合消灭水口、新圩、坭陂三区的反动武装，然后进攻县城。当十二团开到水口时，丰顺第十团因参加梅县松口暴动而未到来，使原计划不能实现。十二团转而围攻了水口土豪刘兆模的反动武装，焚烧了其房屋，又于15日围捕枪决了水口土豪刘泰记，将他们的谷物家财没收分给贫苦农民。

1928年2月，十二团转战五华郭田、布尾，丰顺贵人村，龙川赤岗和兴宁径心、水口、宋声、叶塘等地区，击溃了敌人的多次"围剿"，打死打伤敌人100多人，各县土豪及反动商团大为震惊。兴宁自卫大队先后多次到径心兴凤寺、永和湖尾等地"围剿"，均一无所获。敌人恼羞成怒，行文广东省政府转饬各县，悬赏花红200~1000元通缉刘光夏等人。陈楚麓商团的县警备武装由70多人增至150人，经常派出军队或反动商团到各区乡进行搜捕，烧杀抢掠，破坏革命据点。

1928年3月上旬，十二团在径心与国民党兴宁县自卫大队发生遭遇战，蓝胜青指挥队伍奋勇杀敌击毙敌副大队长及其卫士，自卫大队全线溃退。十二团获胜后抵达叶塘朱子赍，敌人出动宋世科团一个营，陈楚麓商团及钟宝鉴、陈必显民团共约 600 人，四面包围了朱子赍。双方激战一个中午，十二团毙敌七八人，伤十余人。十二团撤出战斗后，向龙川转移，途中遭到当地民团伏击，死伤数人，决定折返兴宁，退回叶塘掌鸭塘。1928 年 3 月下旬，部队在叶南筇竹曾不凡屋召开会议，决定化整为零，要求大家暂时投亲靠友，暂作埋伏，伺机再起。

3 月 27 日，十二团部分武装到达龙川霍山。4 月 3 日，兴宁、五华、龙川三县反动军队及民团 1000 多人联合围攻驻在霍山的三县革命武装，十二团的刘道灵等 30 多人壮烈牺牲，战斗终因敌众我寡而仓促撤退，途中被捕和遇难数人。当晚，部队撤退到掌鸭塘开会，县委书记蓝胜青认真分析敌我形势，认为十二团东征西讨是犯了"军事投机主义的错误"，不能切实领导农民实行土地革命。同时鼓励大家说："低潮总会过去，我们要保全有生力量，准备和创造新的革命高潮的到来。"会议决定暂时解散队伍，把长枪隐藏起来，少数持短枪队员仍集中活动。会后，部队分散到丰顺的赤岭、叶田、九龙嶂、八乡山和兴宁南北山区进行创建根据地活动。

十二团是在战斗中诞生的工农革命武装，在短短数月的南征北战中，有力打击了兴宁国民党反动派和地主豪绅的反动统治，削弱了反动统治阶级的基础，鼓舞和激励了广大群众的革命斗志。虽然十二团最终解散，其正反两方面的经验教训，推动了中共兴宁组织不断发展壮大、走向成熟。

（二）中共兴宁县委的成立

十二团的"石马内变"事件发生后，兴宁党组织主要领导人意识到需要有一个统一的领导机构，才能避免类似"石马内变"事件再次发生。

为健全和加强党的领导，适应斗争形势的发展需要，1927年12月，兴宁党组织在永和湖尾乡成立了中共兴宁县委员会，书记蓝胜青，委员有刘光夏、陈锦华、潘英、曾不凡、陈水秀、舒竞舒、罗毅雄（晓维）等，组织部部长由罗毅雄兼。下设党组织：罗浮区委（1个支部）、水口区委（3个支部）、附城区委和团队特别支部（4个党小组），以及石马特别支部（2个党小组）。全县有党员120余人。

中共兴宁县委的成立，揭开了党领导兴宁革命斗争的历史新篇章。党组织领导人认识到要使革命取得胜利，就必须深入发动群众，善于发动群众，积极领导群众抓好经济、政治斗争。

根据这个认识，县委决定在普遍恢复和发展各地革命组织的基础上，特别要加强山区工作。

县委领导都分别到兴宁南部山区、与龙川、寻乌、平远相邻的大坪、罗岗等边远山区发展党员，建立党组织和农会及革命武装队伍，开辟新的革命据点。

四、中共兴宁地方党组织的整顿和发展

1928 年 1 月 8 日，中共兴宁县委书记蓝胜青在十二团解散后撰写报告，派黄佐才、敖景象两位同志到香港向中共广东省委报告兴宁革命斗争情况和以后的斗争计划。报告的主要内容有：关于未能通讯的原因，党内组织工作，工作计划，农运情况及策略，军事胜利，经费困难，过去工作中存在的错误。为此，中共广东省委连续发致兴宁县委信（兴宁第一号、第二号），要求"纠正以前工作错误，发动群众实行暴动""整顿党组织，发动民众、士兵运动"。按省委要求，中共兴宁县委开展了一系列整顿党团组织的活动。

1928 年 6 月，中共兴宁县委根据省委指示，在中共潮梅特委领导下进行组织整顿，改组了中共兴宁县委。指派梁大慈（干乔）担任县委书记，县委委员有黄佐才、蓝胜青、刘光夏、陈锦华、胡凡尘、曾不凡等。同时对农村基层党组织也进行了整顿。

同年夏，刘光夏率领原十二团的部分官兵，在九龙嶂与五华、丰顺工农武装及红四军挺进东江时留下的一个连合并成立红四十六团。在古大存领导下成立了五（华）兴（宁）丰（顺）梅（县）大（埔）五县暴动委员会（以下简称五县暴委），古大存为五县暴委主席，在九龙嶂、八乡山等地领导五县土地革命和武装斗争工作。后来，在成立"五县暴委"的基础上，五个县的党组织负责人与揭阳、潮安党组织负责人协商，成立梅县、兴宁、丰顺、大埔、五华、揭阳、潮阳中国共产党七县联合委员会（以下简称七县联委），古大存任书记。

1928年10月21日晚，兴宁、龙川、五华、梅县、丰顺五县党组织在梅子坑胡屋召开联席会议，忽然遭到兴宁反动武装包围。为了趁着黑暗找到突围的缺口，蓝胜青指挥同志们以"以假乱真"的计策，声东击西。敌人误以为共产党人从屋顶爬出沿着后山逃走了，便集中火力向屋背山腰上猛烈扫射。这时，蓝胜青便率领3位同志留下来冒死掩护，命令同志们利用机会赶快从侧门向南冲出去。他同敌人激战多时，身负重伤，行走不便。在危难时刻，蓝胜青安排五华卢觉民安全转移后，又命令背他的警卫员张观佑撤退，自己摸黑爬到一个崩岗里潜伏起来。翌晨，兴宁反动当局加派重兵，四面包围，严密搜捕。蓝胜青面对凶恶的敌人，挥动驳壳枪击毙两个敌人后，自己壮烈牺牲。他牺牲时年仅22岁。

1928年10月下旬，中共兴宁县委在九龙嶂（位于梅县区梅南镇，是领导粤东北地区革命斗争的大本营）召开县委（扩大）会议，会上传达贯彻了中共广东省委关于建立农村革命根据地，进行土地革命斗争的指示精神；通过了整顿健全县委和成立各区区委的决定，选出了新县委领导班子，刘光夏任县委书记。成立10个区委，其中有永和区委，书记张汉凤（张超曾）；坭陂区委，书记沙伟文；水口区委，书记古汉中；刁坊区委，书记曾笃民；新圩区委，书记陈××；大坪区委，书记朱采莲；龙田区委，书记吴雨斋；附城区委，书记王公珏；罗岗区委，书记蔡梅祥；罗浮区委，书记黄国英。会后，各区党员深入到广大农村积极开展革命活动，发展党的组织，增强党的力量。

1928年冬，县委派张汉凤、罗宗秀到附城区开展活动，使附城区的党团组织得到恢复和发展。此外，在县警备队中有共产党员李雄。同时，在张汉凤、张中、陈坦、谭淦等人的积极活动下，永和大成下一带的农会和赤卫队也很活跃，成为地下党的红色据点。从九龙嶂到大成下，从大成下经县城和济堂药材店，到大坪、罗岗、罗浮、大信，已形成一条红色交通线。一到夜间，干部和武装人员一站转一站地安全往返，畅通无阻。

1929年夏，共青团兴宁县第一届代表大会在九龙嶂召开。李斌任团县委书记（李斌调走后，改由罗汉麟担任）。同年秋，城区成立党区委，"CY"（团）区委书记李戈伦代理，下属有县立中学团支部，枫岭团支部。同年6月，成立了福兴乡团支部。

同年8月，中共兴宁县委在九龙嶂赤溪召开了党员代表大会，传达了上级党委关于开展农民运动和武装斗争的指示精神，进一步调整和健全了县委组织，县委书记陈锦华，县委委员有罗屏汉、李斌、龚楷等9人。县委决定，全县成立9个区委和1个中心区委，其中有永和区委，书记张振时；龙田区委，书记吴雨斋（后袁湘庭）；罗浮区委（即第五区委），书记黄国英（后刘思振）；水口区委，书记古汉中；新圩区委，书记陈××；大坪罗岗区委，书记蔡梅祥；刁坊区委，书记曾笃民；坭陂区委，书记沙伟文（后张超曾）；附城区委，书记王公珏（后谭淦）。不久成立永坭区委，书记张超曾（后陈坦）。其时，党的组织和农会等群众组织获得大发展。全县有区委9个，支部77个，党员729人。武装人员

2330 人，革命农民 6396 人，革命工人 400 人。

通过整顿健全党团组织，巩固了基层组织，增强了革命力量，使广大党团员和工农群众特别是党的领导干部，增强了与困难作斗争的决心和信心；通过积极开展土地革命和武装斗争，开创了兴宁革命斗争新局面。

第二节 水口等革命根据地的创建

早在 1927 年中共兴宁县委建立前，兴宁全县各地已经建立了不少革命据点。1928 年 4 月，霍山战斗失败、十二团解散后，中共兴宁县委按省委指示，整顿、健全、恢复、发展党团组织。与此同时，县委领导人刘光夏、陈锦华、罗屏汉等按照省委建立农村革命根据地、开展农民运动和武装斗争的指示，各自奔向兴宁南北山区，深入发动群众，建立党政群组织和武装部队，实行武装割据。在原有革命据点的基础上，先后建立了以水口、大坪与大塘肚、大信、新村为中心的四块革命根据地。

一、水口革命根据地

水口革命根据地与梅县、丰顺、五华相连接。其中宋声坪畲村为根据地的出入门户。根据地以狮子岩山为中心，九龙嶂、八乡山为依托，到处崇山峻岭，群众基础好，在战略上有利于防守反击。

1927 年 10 月，刘光夏率十二团到水口、宋声等地期间，水口人民的革命热情更加高涨。是年冬，各乡开始建立农会赤卫队，响亮地提出"打倒贪官污吏""抗租抗债""铲除土豪劣绅""平分土地""废除买卖婚姻"的斗争口号。1928 年春，刘光夏率刘云郎、张亚仁、薛飞等十多人到宋声横江白石庵一带开展革命活动，先后在宋声、茂兴、坪畲等地成立农会和赤卫队，并在宋声古塘周屋举办农训班，组织农会会员学习和操练。1928 年 1 月 13 日，中共水口区委会成立，区委书记古汉中、县委派来的舒竟舒参加了水口党员大会。2 月初，在国民党反动武装的疯狂围捕下，中共兴宁县委机关从永和湖尾转移到水口小峰乡。县委机关报《红旗报》及其宣传品，在这里印刷出版，然后分发县属各地。2 月 14 日，在水口的县委机关被敌人破坏，县委委员被迫分散到全县各地秘密开展活动，十二团和地方农民武装也受到反动武装的"围剿"，革命家属也受尽迫害。据统计，各乡被国民党反动派逮捕的有 500 人以上，被杀害 100 多人，其中革命家属 20 多人，使革命据点的乡村十室九空，百姓逃亡。水口根据地的革命斗争一度受到挫折。

1929 年 4 月，水口区苏维埃政府在宋声古塘村成立，主席杨金满，副主席张亚元、周丙坤，委员有张清锦、张亚坤、刘金灵、丘保森（文书）、刘远青、郭崇、谢国标等。

接着，各乡相继建立苏维埃政府。各乡苏维埃政府主席分别为：宋声苏维埃政府主席周坤郎，坪畲苏维埃政府主席黄亚丙，茂兴苏维埃政府主席薛亚坤，叶畲苏维埃政府主席杨开郎。同时，还成立了区赤模范队，队长刘云郎。下设 3 个中队：第一中队长刘云郎（兼），第二中队长廖火郎，第三中队长黄仿延。每个中队约百人。区模范队教练官为彭用民、李云和、陈济民等。队伍先后在古塘、寨上、黄沙洋等地驻扎训练。这是兴宁第一个区级红色政权组织。它的建立，不但为水口人民起到组织、鼓舞作用，而且为全县建立革命政府组织起到示范作用。随着水口区苏维埃政府的成立，实行了土地改革，烧了田契，分了田地，使水口区的革命进入了一个新阶段。水口人民破天荒地由被统治、被剥削的地位翻身当家做主人，人民喜笑颜开。

水口区及其各乡苏维埃政府成立后，为巩固红色政权，先后将反动团防主任薛伟等近十名反动分子处以极刑，大长了革命人民的志气，大灭了反革命势力的威风。水口根据地人民与国民党反动派、地主豪绅进行了异常尖锐、艰苦的斗争。根据地的每个村庄，几乎都做过战场。由于斗争形势复杂，水口区苏维埃政府机关驻地经常变换，先由古塘迁到茂兴、寨上，后又迁到梯子岭。1929 年 7 月，根据形势的需要，为了更有利于领导水口革命斗争，兴宁县委与五华县委商量，把水口区（第四区）划入五华县第十一区领导，五华县委即派朱国珍前来主持工作。

1929 年 4 月和 9 月，刘光夏率领武装部队两次攻打水口区公所。第一次由宋声出发，到水口区与敌激战，但由于我方弹药缺乏，缺少攻坚武器，敌人凭险固守，久攻不破，因而被迫撤退。9 月间，刘光夏又率部与丰顺八乡山古大存部配合，第二次攻打水口，仍没有取得胜利。虽然两次攻打水口没有取得胜利，但扩大了中共的政治影响，鼓舞了人心，打击了敌人的嚣张气焰。

水口根据地从1928—1930年间，大小战斗20多次。在战斗中，革命战士英勇战斗，不怕牺牲，冲锋在前。如水口区赤模队队长刘云郎，每次战斗总是身先士卒，冲锋陷阵。在一次战斗中，他手中挥动一支驳壳枪，只身掩护队伍撤退，击退了敌人多次进攻。在第二次攻打水口时，他膝盖骨被打碎了，伤愈后脚却跛了，但每一次战斗，他仍一定要人抬他到战场上打击敌人，终于不幸在1930年5月的坪畲战斗中英勇牺牲。又如宋声赤模队队长张直仁和叶华乡的杨高义、薛飞等，都用他们的鲜血在革命史上写下了光辉的一页。水口根据地人民每次与敌人战斗的时候，都能英勇地投入战斗。他们组织了运输队、担架队，送水、送饭和救护伤兵，积极支援前线。

1930年年初，兴宁反动武装黄振光、陈振文、潘明星，丰顺巫文成、王鲁苍民团数百人向水口革命根据地"进剿"，在茂兴马蹄寨与赤卫队发生激战。刘光夏率领从丰顺九龙嶂调来的学生军和区赤卫队共200多人参加战斗。战斗打得十分激烈，从上午9时打至深夜，双方都伤亡较大，团县委书记李斌在战斗中牺牲，学生军牺牲4人。由于反动武装力量较强，赤卫队只得撤出马蹄寨，最后被迫退出水口根据地，由刘光夏率领部队北上大信苏区。水口革命根据地革命武装北上后，国民党反动派对根据地进行了惨无人道的烧杀抢掠。据统计，被杀害186人，其中追认为烈士的有43人；被烧毁房屋591间，耕牛、粮食和其他财物被洗劫一空。水口革命根据地人民又陷入水深火热的生活中。

二、大坪与大塘肚革命根据地

大坪与大塘肚革命根据地是五兴龙苏区的重要组成部分。前期以大坪为中心，后期以大塘肚为中心，包括今兴宁大坪区的白云村、三架笔（即布骆）、双头山、黄沙塘、祠堂村、吴田村、岭背河、大塘村、河岭村、大福村、黄坑村、陶坑村，罗岗区的潘洞村、四德村、甘村、霞岚，罗浮区的练优村，以及龙川县的拱江、岐岭、园田、麻布岗、迥龙、赤岗、骆歧、祠堂角等几十个村庄。这块根据地地处两县交界处，离兴宁、龙川两县城较远，群众基础好，比较有利于开展革命斗争。因此，它很快成为五兴龙苏区乃至粤东北苏区的重要组成部分。

1927 年 5 月，兴宁"五一八"暴动失败后，罗屏汉奉党的指示回到大坪白云村，在钦文小学以教书为掩护，以大坪革命青年会为阵地，与共产党员罗根深、龚宏熙一起，从当地的斗争实际出发，开展革命活动。他们有计划地组织会员学习马克思主义，坚持宣传反帝反封建，把斗争矛头指向贪官污吏、土豪劣绅。通过举办读书班、演白话戏、发动"择师"运动等，揭露国民党反动派的黑暗统治，提高群众的革命觉悟。与此同时，罗屏汉还协助蓝再韩在大坪区开设爱谊书局，大量出售进步书刊，宣传马克思主义，该书局成为与上级党组织联系的秘密联络点。经过一段时间的努力，大坪革命青年会发展到 200 多人，党组织及时对斗争中涌现出来的积极分子进行考察培养，从中吸收了一批党团员，建立了大坪的小坑、白云、陶坑、河岭、黄坑、吴田、黄沙塘、岭背河和罗岗的潘洞、甘村、岐岭山、金坑等基层党组织和农会、赤卫队等群众革命组织。罗屏汉等人在白色恐怖下，坚持宣传共产主义，秘密发展党的基层组织，从思想上、组织上为大坪革命斗争的发展奠定了坚实的基础。

1927年9月3日，罗屏汉参加了攻打县城的第二次暴动后被任命为北部游击支队负责人。梅县南口战斗后，他带领的游击支队在大坪、罗岗、罗浮山区开展土地革命斗争。1927年12月，中共兴宁县委在永和湖尾成立后，建立大坪区委：书记罗屏汉，组织兼武装委员黄胜生，宣传委员罗亚赖，妇女委员罗辉英，团区委书记张召兰（后黄其渊），区革委会主席罗柏松，财粮委员罗淑行。区武装中队长罗绍卿（后罗义妹）。它标志着大坪革命根据地的形成。

1928年4月，十二团暂时解散后，一部分人到了罗浮。罗屏汉以此为基础，联络寻乌游击队和龙川农民武装，在罗浮石门村成立了广东工农革命军第十二团第三营（后改为红军第三营）。不久，遭国民党驻罗岗防军及罗岗、罗浮团防的疯狂"围剿"，第三营损失惨重。罗屏汉认识到：在敌强我弱的形势下，要建立和发展革命武装，就必须到敌人力量薄弱的山区去建立根据地。于是，他同罗文彩到兴宁与龙川交界的大坪三架笔村胞妹罗桂娣家里，通过串联发动，吸收其夫弟杨金兰及伯父、堂兄嫂等8人入党，成立三架笔村党支部、农会和赤卫队，罗桂娣任妇女会主任。随后，罗屏汉等翻过三架笔山，来到龙川县回龙镇的大塘肚村钟德清家里，以辅导学习为名，发动群众，成立了以钟大明为支书的大塘肚党支部及农会、赤卫队、儿童团，农民运动在这山高林密的边远山区轰轰烈烈地开展起来。中共兴宁县委曾不凡、陈锦华及潘火昌、张海、蓝亚梅、张瑾瑜、曾彪等陆续来到这里宣传发动群众，成立了双头山、黄沙塘党支部，农会和赤卫队，领导农民开展减租减息斗争。至 1928 年 11 月，龙川中北部的横江、岐岭、园田、马布、骆歧、祠堂角等村庄均已成立了党和农会的基层组织，兴龙边形成了以大塘肚为中心，包括周围几十个红色村镇的革命根据地。

10 月 9 日，陈锦华、罗屏汉从大塘肚率张海、潘火昌、罗柏松、胡燧良、沙伟文、钟德清（大塘肚农会主席）、吴子茂等 20 多人，化装突袭兴宁大坪警察所和民团，毙敌 3 人，俘获 1 人，缴枪十多支。翌日，罗屏汉率队袭击龙川罗口乡民团，击毙民团队长，缴枪 40 支，子弹 2000 多发。于是，在大塘肚成立了以张海为队长、罗屏汉为党代表的东江游击队。随后，张海和罗屏汉率队乘夜奔袭兴宁罗浮司城，缴获康盛益、合利兴、张兴记三间商号的枪 21 支，子弹一大批。从此，东江游击队在兴宁、龙川北部山区开展游击活动，为巩固发展大塘肚根据地做出了贡献。

1928 年冬，罗屏汉出席了中共兴宁县委在九龙嶂召开的扩大会议，当选为中共兴宁县委委员。会后，他根据中共广东省委的指示精神，在双头山召开北部山区骨干会议，决定在兴宁、龙川交界的大塘肚、三架笔、大信等 20 多个乡镇建立和健全党的基层组织，发展工农武装，实行土改分田。

大坪与大塘肚革命根据地的建立，不仅推动了兴宁北部山区的土地革命斗争，而且扩展到龙川中北部及五华北部的一些地区，形成了以大塘肚为中心的重要根据地。这为稍后在这里成立五（华）兴（宁）龙（川）县苏维埃政府奠定了基础。

1929年3月，在龙川大塘肚革命根据地成立同时，五兴龙县苏维埃政府成立了其所辖的（罗）岗（石）马龙（田）（大）坪区，即岗马龙坪区，区委书记蔡梅祥（至1930年7月），区革委会主席罗柏松，革委会成员有罗宝良、罗亚彬、黄胜生、杨××，区武装队长罗柏松（兼），团委书记黄其渊。1930年8月至1931年6月，改组区委组织，岗马龙坪区区委书记罗宝良（又名罗世珍），组织委员兼武装委员黄胜生（又名黄金秀），宣传委员罗史箴，（后是曾××），妇女委员罗辉英，团区委书记张召兰。岗马龙坪区革命委员会成员有：主席罗宝良，武装委员黄胜×，财粮委员罗淑行（后为黄胜生）。区建立了武装中队，中队长罗义妹，副中队长曾××，有15个武装队员，拥有12支枪。

岗马龙坪区以大塘肚、双头山为中心，带动周围各村镇的农民革命运动蓬勃发展，党的组织也很快壮大发展。至1930年8月，全区有党员180多人，党支部30多个。同时，村庄普遍都建立了农会和赤卫队。区委委员的分工联系是：罗宝良除主管全面工作外，主要分工联系大坪到龙川一带的党组织，曾××联系罗岗一带，黄胜生联系龙田、叶塘、石马一带。上下级党组织主要通过交通站单线联系。白坟下荷树坳交通站，配备交通员罗慕陶；双头山县交通站，主任是袁林生，交通员邹国栋负责双头山至大塘肚，赖汉斯负责双头山到白坟下、河岭一带。

　　岗马龙坪区人民的革命搞得轰轰烈烈，普遍实行减租减息，抗租抗债。一些乡村实行了土改分田；组织武装力量、保卫革命政权和革命成果，为红军、游击队输送补充队员；筹集武器、弹药支持红军、游击队，组织群众站岗放哨，保卫苏区。一有敌人来，村民就喊"牛食菜啦""狗来了"等暗号。

　　大坪与大塘肚革命根据地革命斗争的蓬勃发展，使其成了国民党反动派的眼中钉，国民党反动派曾多次派出反动武装进行残酷的"清剿"。

　　1929年间，国民党一营反动武装"围剿"大坪，从祠堂下一直到三架笔、双头山，很多革命同志和群众被抓。双头山曾经遭受4次"围剿"。据不完全统计，房屋被烧76间，耕牛被抢去21头，群众被捉25人，被杀害9人。

　　1931年6月，为贯彻中共兴宁县委会议精神，岗马龙坪区委13人集中在岭背河枫树排的山背开会，国民党反动派调来1个中队"围剿"。由于遭突袭，区委成员来不及疏散转移，被迫同敌人进行激战，区委委员曾××壮烈牺牲。

　　黄胜生身负重伤后转移到龙进塘，第二天也光荣牺牲。为掩护同志转移，书记罗宝良食指被打断，敌人猛追而来，罗宝良的左轮枪和岗马龙坪区的印章因手受伤均被荆棘绊失。

　　大坪与大塘肚革命根据地为建立粤东北革命根据地，开展土地革命，坚持武装斗争作出了贡献和牺牲，提供了宝贵的经验。

三、大信革命根据地

大信革命根据地是兴宁土地革命战争时期活动范围最广、活动时间最长、斗争活动最有影响的革命根据地之一。它包括现在罗浮镇的石南、中和、瑶兴、蕉坑、象湖、小佑、岩前、上下畲、石门、芳村和罗岗的竹瓦寮（现溪联村）等村庄。它位于广东兴宁、龙川、平远和江西寻乌两省四县交界地，四周都是崇山峻岭，北面与赣南革命根据地接壤，敌人的统治力量较为薄弱，战略上易守难攻，十分有利于革命力量的发展。

当兴宁的土地革命运动不断发展的时候，革命的烈火也迅速地燃烧到罗浮一带。1927年9月，在曾不凡领导下，罗浮岩前的作泥畲成立了岩前党支部，书记赖镜明，委员有刘思振、刘亚章、赖佑民，共有党员5人。1928年初，革命组织发展到大信（现罗浮）的瑶兴、中和，罗浮的石南、上下畲，罗岗的竹瓦寮、溪美村，他们普遍建立了党的组织和农会，党员人数也不断增加。1928年4月，县委派陈锦华、罗屏汉、潘火昌等到罗浮上下畲和石门村一带开展革命活动，在石门村成立了广东工农革命军第十二团第三营（后改为红军第三营）；营长罗屏汉，政委潘火昌，全营有100多人。五六月间，罗浮团防头子陈尧古等进攻上下畲革命根据地，罗屏汉、潘火昌率领根据地军民奋勇杀敌，取得了胜利。至1928年秋，大信革命根据地在陈锦华、罗屏汉、曾不凡、潘火昌等组织发动下不断巩固和发展。各乡均已组织了赤卫队、模范队（也叫赤模队，由较精干的赤卫队员组成）、童子团、妇女大队和医务处，并在中和村朱畲尾建立了1个兵工厂，有30多个工人，每天可生产2支步枪和大量子弹。1929年春，在大信乡中和村成立第五区农会，主席刘醒魂。广大农民在农会领导下，与土豪劣绅进行了尖锐的斗争。是年夏收，区农会领导农民开展了抗租抗债斗争。大地主钟雪南反对抗租抗债，受到农民的狠狠打击，他派来收租的狗腿子也被枪杀。这些斗争有力打击了地主豪绅的反动气焰，推动了全区抗租抗债斗争的开展。

为了巩固、扩大根据地和拔掉在罗浮圩的敌人据点，把整个根据地连成一片，大信根据地革命武装曾多次攻打罗浮圩。1929年3月，五兴龙县苏维埃政府指派罗屏汉、潘火昌率领游击队、独立连及赤卫队，联合寻乌红军二十一纵队共500多人，分三路进攻罗浮。其时，敌有谢海筹部和反动团防，罗岗团防陈尧古派两个连增援。战斗开始时，敌人凭借堡垒、围屋据守顽抗待援，当罗岗来援敌人赶到时，迅速反攻，企图与来援之敌会合；但援军受到我军强力阻击，不敢妄进，只是盲目扫射一阵后即逃走。罗浮碉堡中的敌人曾三次突围，均被我军击退。这次战斗从清晨到晚上，由于我方缺乏攻坚炮火，虽然士气旺盛，英勇作战，几次冲到碉堡前，始终未能攻克碉堡。当天晚上战斗结束后，敌人趁夜慌忙逃命到罗岗，革命武装终于拔掉了敌人在罗浮圩的据点，使兴、平、寻、龙根据地连成一片。

1929年秋，兴宁县革命委员会在大信石南村（现罗浮镇新南村）成立，罗屏汉为主席，潘火昌为副主席，委员有蓝再韩、黄佐才、陈锦华、张瑾瑜、曾九华、刘卓中、蓝亚梅、蔡梅祥等。全县设 5 个区委会，同时在大信中和村成立第五区革命委员会，主席团成员有刘思振、陈思贤（陈恢）、刘思生、刘卓中、刘振环等。10 月，中共兴宁县委在大信北坑里召开了党代表大会，会议由罗屏汉主持，参加会议的有蔡梅祥、刘卓中、陈恢、蓝再韩、蓝亚梅、张国标、刘思振、曾不凡、胡凡尘等。会议开了 3 天，改选了县委。县委书记由县革委会主席罗屏汉兼任。委员有蓝再韩、蓝亚梅、曾不凡、胡凡尘、蔡梅祥、张国标、刘卓中等。同年冬，在大信中和村成立第五区苏维埃政府，主席刘思振，副主席陈恢、刘思生。同时成立五区联队，队长王耀兴（后赖元洪）。全区分 6 个乡：第一乡，新南乡，乡苏主席王贵芳；第二乡，中和乡，乡苏主席赖彩新；第三乡，瑶兴乡，乡苏主席黄旺元；第四乡，蕉坑乡，乡苏主席陈竹卿；第五乡，信佑乡，乡苏主席刘作云；第六乡，大前乡，乡苏主席钟敬珍。

为进一步扩大革命根据地范围，兴宁县革命委员会号召根据地军民进行攻打罗岗的战斗。1929 年 9 月 29 日，东江游击队独立营和赤卫队 1000 余人，分三路攻打罗岗。中路由袁火郎率领，从白水村进攻；右路是主力部队，由独立营营长张国标指挥，从练优村出发，经潘洞直插罗岗；左路由刘传文指挥，由竹牙寨（现溪联村）出发，直指镰子寨。进攻开始时，首先投入战斗的是左路军。敌人全部固守在围屋和碉堡内顽抗，于是我军即占领山头阵地，封锁并攻击敌人围屋、碉堡。我军士气旺盛，作战英勇，几次组织攻击，终因缺乏攻坚武器未能取胜。激战一段时间后，我军中路、左路军，由于联络不好，时间计算不精确而被固守在白水村的敌军中途拦击，无法进攻罗岗。张国标见势不好，为保全实力，下令撤退，并由中路、左路军负责掩护。敌人迅速组织反击，猛烈反扑我镰子寨左路军阵地，企图切断我军后路。如果不守住这一阵地，那么，右路军就有被敌军包围而全军覆灭的危险。在这危急关头，左路军指挥员刘传文挺身而出，勇敢机智地把守阵地危险要害之处。在完成掩护右路军撤退的任务后，他一方面命令本部全体同志迅速撤退，一方面只身与数十名敌军搏斗，一直坚持到弹尽粮绝，壮烈牺牲。由于刘传文坚守阵地，东江游击队安全撤退，免受重大损失。

东江游击队攻打罗岗失败后，敌人拼命尾随追击。在这种情况下，东江游击队被迫退出罗浮，撤回大信，因此，罗浮重落敌手。

大信革命根据地创建后，与敌人进行了频繁的战斗，大小战斗不下百次。根据地军民为了安全，主动出击敌人，不断攻打罗浮、石正等地。而反动派也不断进犯根据地，1929 年冬，兴宁县国民党当局为了消灭寻乌、兴宁、平远边境的地方红军和游击队，勾集了寻乌、平远的反动武装，发动了所谓的"三县会剿"。当时，三县的反动首领王甲、何学贵、陈尧古、潘明星、张英、谢海筹等分兵三路向根据地腹地进攻。游击队侦察到敌人的进攻部署后，立即组织反"会剿"的战斗。首先在寻乌车头一战，一举消灭了寻乌方面的全部敌军，打死打伤敌人 100 余人，并俘虏了敌人的副总队长肖文等 200 余人，缴获长枪两三百支和许多战利品。接着，击溃了平远、兴宁方面的敌人。这样，敌人"三县会剿"历时一天半就被红军和根据地武装力量彻底粉碎了。

1930年1月20日，敌人探知大信革命根据地武装部队出击石正后，张英、潘明星反动武装绕道乘机窜扰苏区瑶兴。赤卫队获悉后，鉴于力量薄弱，便坚守在炮楼里抵抗敌人。敌人几次猛扑，都被他们击退。于是敌人采取了最毒辣的手段，把村里一些来不及撤走的老弱妇孺一个个抓来，用利刀威胁他们向炮楼前进，妄图迫使赤卫队投降。但是，被抓来的根据地人民面对敌人的屠刀，拒绝向炮楼前进。敌人的目的没有达到，当场开枪打死3名妇女。守在炮楼里的12个赤卫队战士见状十分气愤，不愿亲眼看着赤手空拳的乡亲们被敌人任意屠杀，冒着生命危险冲出炮楼与敌人搏斗，全部壮烈牺牲。敌军怕游击队赶来，在大肆烧杀抢掠后撤走。人民财产损失难于计数。

1930年2月12日，刘光夏奉命率领武装队员十多人来到中和村，中共兴宁县委书记罗屏汉马上召集紧急会议，遵照中共东江特委指示，决定将寻乌古柏、钟锡球的红军二十一纵队，红军独立营和兴宁、寻乌、平远、龙川四县地方武装整编成立东江红军第五十团（以下简称红五十团）。全团约600人，团长刘光夏，政委陈俊，参谋长邝才诚，政治部主任袁荣。红五十团人员政治素质比较优秀，装备比较先进，是保卫五兴龙和寻乌根据地的主力红军。1930年2月中旬，红五十团进攻了平远石正、仲石等地，都取得了很大胜利。尤其是石南一役，大败陈楚麓、谢海筹、陈尧古所率领的500余人，敌人死伤惨重。在战斗中，红五十团政治部主任袁荣身先士卒，冲锋在前，不幸在激烈的战斗中，身负重伤，经过一段时间治疗后，由于伤势过重而牺牲。红五十团的胜利大大地鼓舞了根据地人民。

1930年3月下旬，红五十团攻打江西澄江失败，损失很大，大信革命根据地的武装力量大大削弱。为巩固大信革命根据地，县委书记罗屏汉把所有赤模队、区联队等100多人，长短枪八九十支，整编成东江游击队，骆达才任队长，曾义生任政委。五六月间，东江游击队多次攻打罗浮都没有成功。八九月间，张英营及谢海筹、陈尧右、曾昭民等反动武装，伙同平远石正的王甲民团、寻乌丹竹坳团防共400多人，全面"围剿"大信革命根据地。游击队和根据地军民同敌人进行激战，终因双方力量对比悬殊，被迫退出苏区。

大信革命根据地失陷以后，敌人派两个营兵力驻扎在大信、罗浮一带，实行白色恐怖，大肆摧残人民群众。据不完全统计，被杀害群众140多人，革命干部75人，全家被杀绝的仅瑶兴就有12户，全家离散逃亡的15户，被迫卖妇女7人，被烧毁房屋32座；群众被勒索摊派白银7000多元，被抢走粮食1000多石，耕牛10头。在国民党反动派统治下，大信革命根据地人民又陷入水深火热之中。大信根据地失陷后，罗屏汉根据中共东江特委的决定，将东江游击队和五区联队整编为东江游击大队，大队长骆达才，政委曾义生；同时把县、区领导机关迁移至黄槐的新村和江西寻乌县的南扒村一带。

四、新村革命根据地

新村革命根据地是兴宁土地革命战争中后期的重要根据地，它为支援中央苏区粉碎国民党反动派的多次"围剿"，拖住广东国民党部队北进合击起到重大作用。它包括现在黄槐镇的上下宝龙、宝丰、新村、黄沙溪，罗岗镇的五福、澄清和半岭（现元清），平远县的马安石、赤竹坪及江西寻乌县的南扒、岑峰、丹竹楼、苗畲岭等村庄。

1929年春，兴宁土地革命形势迅速发展，五兴龙县苏维埃政府及大信中和第五区农会成立，大信、大塘肚革命根据地不断壮大发展。为进一步扩展革命根据地，罗屏汉、潘火昌决定派王木生、李秋中到兴（宁）、平（远）、寻（乌）交界的黄陂（现黄槐镇）新村和属江西省寻乌县的南扒、苗畲岭等地开展革命活动。1929年5月，在南扒村成立江广乡农会，农会主席王展尧，委员有曾九华、曾勉勋、曾有良、王展达、王来发、王绍生等。不久，在这里成立了党支部，支部书记王展尧，有党员5人。

1930年3月，为加强新村革命根据地的领导力量，罗屏汉又派刘思振、肖必强、张瑾瑜、赖基、李习时到新村苏区南扒村开展工作；同时在南扒村下弯成立了中共第三区委会和第三区革命委员会，区委书记刘思振，委员有张瑾瑜、赖基、曾九华、李习时、肖必强等。3月底，区委书记换为黎汉英。8月，黎汉英不幸被捕牺牲，区委书记又换为张振时。第三区革委会主席刘思振（兼），副主席肖必强、曾九华。3月底，区革委会主席为朱凤朋，副主席曾九华。区委、区革委会建立后，马上组建了江广乡和五福乡苏维埃政府和农会。江广乡苏维埃政府主席何耀堂，农会主席王展尧；五福乡苏维埃政府主席石七凤，农会主席石初生。区革委会成立了区联队，队长曾申生，后为吴观招，教练曾梦兰，有队员曾甲林、曾乙凤、刘福先等十多人，枪支 10 支。至 5 月，队长换为赖育良，时有队员 20 多人。区乡政府成立后，在县区党组织和革委会的领导下，实行了土改分田地。

新村土地革命日益发展，国民党反动派十分不安，他们曾多次派出反动武装，"围剿"新村根据地。1930 年 5 月，宝龙的地主李花白、王昌甫因田地被分怀恨在心，勾结黄陂警备队长曾昭明带领 30 多人，加上宝龙的后备队，共七八十人进攻新村根据地。其时，区联队与东江游击队 100 多人（东江游击队准备打黄槐而暂住新村）。敌人从白沙溪分两路进攻新村。一路敌人来到区联队驻地开枪后，区中队队员才发觉。住在长排上的罗思古中队与敌人交火，后退至山林中。区联队的其他队员听到枪声后，也沿小河撤走。另一路敌军有 20 多人，从洋坑屋来到月形屋附近，因游击队无准备，被敌军打死六七人。

1930 年 7 月，曾昭明警备队与宝龙后备队又攻打新村，区联队和赤卫队共 40 多人与敌人在新村细坑子激战，打死敌军 1 人，敌人狼狈而逃。8 月 15 日，曾昭明与罗岗警备队、罗浮谢海筹部、寻乌丹溪何学贵民团共 100 多人进攻新村。区联队、赤卫队立即登山，与敌人周旋。敌人找不到区联队队员，就放火烧山，烧屋七八幢。10 月间，曾昭明警备队同宝龙后备队再次进攻新村根据地，登上了排嶂顶。当时，区联队驻扎在新村的老虎坳，罗屏汉带领县革委驳壳队员 14 人住在上南扒，见敌人来后，迅速与敌人作战，敌人连忙逃跑，区联队追击，直至敌人逃回宝山寨。新村革命根据地人民与敌人进行多次激烈战斗，一直坚持到 1935 年 6 月，广东军阀陈济棠调重兵"围剿"新村革命根据地。至此，兴宁轰轰烈烈的土地革命战争随着新村革命根据地的失陷而转入低潮。

第三节　五兴龙苏区的创建和变迁

　　1928 年霍山战斗失败、十二团暂时解散后，兴宁革命斗争处于艰难困苦的境地。敌人派出大批军警到小洋乡、永和、水口等革命据点"围剿"，中共兴宁县委机关被逼一再转移，整个兴宁处于白色恐怖之中。但是，革命人民没有被吓倒，革命斗争逐渐向边界山区转移，并着手创建五兴龙苏区。1929 年，在中共东江特委的领导下，五华、兴宁、龙川三县交界地成立了五兴龙苏区，建立了苏维埃政权，实行土地革命，坚持了 7 年多的艰难曲折的武装斗争，有效地牵制了广东军阀北上夹击中央红军的兵力，有力地支援了中央苏区的反"围剿"斗争，成为了中央苏区的南方屏障。

一、五兴龙苏区创建的地理及其历史背景

　　五兴龙苏区位于粤东的西北角，地处两省（广东、江西）三县（五华、兴宁、龙川）交界，地域范围包括现在五华的双头、

岐岭、新桥，龙川的鹤市、铁场、龙母、赤岗、上坪、贝岭和兴宁的大坪、罗岗、罗浮、黄陂、龙田、石马等。五兴龙边境与梅县、平远、寻乌、和平、定南等县接壤，毗邻丰顺、紫金、河源、蕉岭等县。地形狭长，境内多山，有阳天嶂、龙母嶂、双苜顶、五代瑁山、三架笔等，地势崎岖，重峦叠嶂，山高林密。这里是东江革命根据地通往江西中央苏区的必经要道，是重要的战略要地。全境面积约 1900 平方公里，人口约 16 万。

这块根据地属丘陵山区。山多土肥，气候温和湿润，盛产粮薯、竹木，土产丰富。人民勤劳勇敢，但由于交通不便，文化教育落后，长期受封建地主豪绅的压迫剥削和军阀混战。官僚土匪的烧杀抢掠、横征暴敛、捐税盘剥，弄得民不聊生、痛苦不堪。人民除奋起反抗外，别无出路。1927 年冬至 1929 年春，随着党组织的建立和农会的迅速发展，各县都建立了革命据点，由各自独立行动发展到紧密联系、互相配合、互相呼应，逐渐形成一个有机的整体。

1928 年 4 月初，随着革命斗争发展的需要，五兴龙三县党员代表在龙川霍山大乙岩召开了一次重要会议、协商成立了中共五兴龙县临时工作委员会（简称五兴龙县临委），叶卓（龙川人）选为临委书记，刘光夏、蓝胜青（均系兴宁人）和古清海（五华人）为临委委员。五兴龙县临委成立后，经过一段时间艰苦细致的思想发动和组织工作，革命形势发展很快。这时期，在罗屏汉等人领导下，龙川中部与兴宁交界的大塘肚革命斗争搞得热火朝天。全村 240 多户人家，其中 300 多人参加了农会。五兴龙县临委领导人叶卓、刘光夏、蓝胜青，以及陈锦华等都曾来大塘肚指导工作，使大塘肚很快发展成为五兴龙革命的中心区域。1928 年 8 月下旬，大坪暴动后，三县临委又在龙川大塘肚成立了东江游击大队，大队长张国标（张海），副大队长罗文彩，政委罗屏汉。

二、五兴龙苏区的形成、发展与巩固

1929 年 1 月，中共东江特委巡视员刘琴西来到四面高山环抱、古木参天的大塘肚村，巡视了大塘肚及三架笔、双头山等地斗地主土豪、收缴枪支、开展减租减息的情况；还登上大塘肚山顶，对三架笔峰及龙母嶂至阳天嶂一带的地形情况进行勘察。刘琴西认为这里地处两省（江西、广东）三县（兴宁、龙川、寻乌）边界，毗邻江西赣南，是粤东战略要地，是建立革命根据地的好地方，应在大塘肚建立新型的革命政权，尽快做好筹备工作。为此，兴宁县委领导人曾不凡制订了具体计划，以中共兴宁县委名义报告中共广东省委。

1929 年 3 月上旬，刘琴西根据中共东江特委的决定，在大塘肚村长塘面主持召开五华、兴宁、龙川三县工农兵代表大会，大塘肚及其附近三架笔、双头山、潘洞、顽畲、罗带下、岐岭、上下畲、横江、桥背等农会、赤卫队代表 300 多人出席会议，正式成立闽粤赣边五兴龙县苏维埃政府（以下简称五兴龙县苏维埃政府）。会议选举曾不凡为主席，潘火昌为副主席，罗屏汉、罗文彩、胡燧良等为常务委员。县苏下辖赤（岗）龙（母）铁（场）区、龙（佗城）老（隆）鹤（市）区、（罗）岗（石）马龙（田）（大）坪区、（罗）浮黄（陂）区。与此同时，将东江游击队及龙川游击队整编为五兴龙县游击大队，大队长罗柏松、政委潘火昌（兼），全队共有100多人，并从队中挑选20多人组成红军独立连，彭城任连长。1929年6月，红军独立连扩编为独立营，彭城任营长，罗屏汉任党代表。这是闽粤赣边建立起来的第一个县苏维埃政府，标志着以大塘肚为中心的五兴龙苏区正式形成。

五兴龙苏区的建立具有深远的历史意义，是毛泽东同志关于建立农村革命根据地，实行农村包围城市，走武装夺取政权道路理论的伟大实践。

为巩固和发展五兴龙苏区，中共东江特委特派员刘琴西和县苏领导人从战略高度出发，从4个方面做好五兴龙苏区的巩固与发展工作。

一是认真培训苏区干部。在五兴龙县苏维埃政府机构建立后，中共东江特委特派员刘琴西意识到培训好县区党、政、军干部对巩固发展苏区的重大作用。他及时召集县苏常委、区苏负责人和区联队以上的干部会议研究苏区的巩固发展问题。他在会上一再指出："我们搞革命就要坚持武装斗争，只有通过武装斗争，才能取得胜利。一个革命者要勇敢投入战斗，这是共产党员的本色。"同时，他十分关心和重视各级干部的思想作风建设，提出10条守则：（1）工作忙时细心些；（2）遇到问题冷静些；（3）遇到困难坚定些；（4）受到刺激忍耐些；（5）处理问题慎重些；（6）了解问题全面些；（7）对待革命热情些；（8）工作矛盾灵活些；（9）别人的事情多干些；（10）个人事情少干些。

从1929年5月起，刘琴西先后在龙川和大塘肚举办了4期党、政、军干部训练班，培训了干部200多人；同时还在罗浮上下畲、宋声嶂下和龙川县的田园等地举办了各种培训班，培训了各级干部。1930年8月，举办党政军主要领导人学习班，古柏前来指导讲话，他特别强调革命干部要过好5关：政治关、思想关、社会关、生活关、家庭关。通过各种培训班，苏区的党、政、军干部在政治思想、军事技术、党的纪律、工作作风等方面有很大的提高，为巩固和发展五兴龙苏区起到重大作用。

二是扩充革命武装，加强军事训练。五兴龙县苏区建立之前，大塘肚根据地已有以张海为大队长、罗屏汉为党代表的东江游击大队，以吴子茂为队长的赤龙铁区联队及陈锦华兼队长的龙川县游击大队。五兴龙县苏维埃政府成立后，新组建了五兴龙游击大队，又从各部队精选人员组成红军独立连，随后又将独立连扩充为东江红军独立营。其间，为提高部队素质，在大塘肚设立总部，利用战斗空隙，举办短期军事训练班，刘光夏、罗柏松等任军事教官，进行训练。同时五兴龙县苏维埃政府还指令苏区乡村赤卫队随同县区游击队开赴大信进行整顿训练。通过整训，纯洁了队伍，提高了素质。在此基础上，进一步发展各区联队和乡赤卫队，增设了常备赤卫队（即模范队），以配合红军、游击队开辟新区，流动作战。在武装队伍不断发展的同时，为解决武器装备，除通过战斗增加枪支弹药和到外地购买枪支外，还在大塘肚和大信建立兵工厂，制造枪支弹药。

三是建立红色地下交通线。为加强五兴龙苏区与闽粤赣苏区、中央苏区的联系，苏区政府特别重视做好红色地下交通线的建设。五兴龙苏区各根据地都建立了交通网络，共有地下交通站五六十处，纵横1000多公里，把分割的根据地、游击区联系起来。以大塘肚革命根据地为中心的红色地下交通线主要有：（1）经田园、田北、谷前、洋塘通往五华和丰顺八乡山；（2）经四甲通往紫金、河源、蓝口；（3）经马布、分水凹、兰亭、龙田、径心通往梅县、大埔；（4）经顽畲、半岭、五联、新村、石正通往平远、寻乌；（5）经练优、祠田、高坑通往大信、寻乌；（6）经良兴、河门潭、渡田河、茶活、青坑、仰天堂通往定南。总站负责人有骆达才、郑美等。白色恐怖下的地下交通传输是一项极其艰险的工作。虽然交通站常遭敌人破坏，但地下交通员冒着生命危险，利用各种巧妙的办法与敌人开展斗争，使交通线保持畅通，及时传送信息和输送人员或物资。

四是认真发展生产，开源节流，保障供给。五兴龙县苏维埃政府建立后，经费开支不断增大，既要支付新扩充部队和机关增员的粮食、经费，又要筹措一大笔经济物资支援在八乡山的东江特委和中央苏区的反"围剿"战争，同时又要筹集资金购买武器弹药等，这给根据地带来很大的经济压力。

面对这些困难，五兴龙县苏政府从实际出发，在经过一番调查研究和总结经验的基础上，采用几种途径来解决给养问题：

（1）破仓分粮。在根据地内没收反动地主恶霸的财物，同时派出武装力量到游击区或白区去破仓分粮。刘琴西同志曾率领十多个武装人员到龙川县四甲区紫龙河开展破仓分粮斗争。通过破仓分粮，不仅筹集了钱粮，而且打击了反动势力。（2）派捐款。以机关或部队名义发函向游击区、白区的殷实人家和开明人士进行劝捐。（3）设税站。为广开财路，保障供给，曾选择兴宁通往江西道口的园田接官亭设立税站，按行商货物多少而抽税。经税收人员的广泛宣传，多数过往商贩都拥护共产党的税收政策，真心实意地缴纳税款；但也有一些利欲熏心、阳奉阴违的商贩，对这些商贩，则按情节轻重给予批评、加罚，乃至没收其货物。（4）办合作商店。1930年秋，为打破敌人的经济封锁，在兴龙交界的渡田河开办合作商店，与白区人民群众进行以物换物的交易，不断换回食盐、煤油、衣料、药品等紧缺物资送往江西，支援中央红军反"围剿"战争。

在广开财源，增加收入的同时，苏区十分注意节约开支，反对贪污浪费。参队参军人员不仅没有薪金报酬，就连每天吃三顿粗饭都难以保证。环境带来的困难，令五兴龙县苏维埃政府对待每一个铜板，都很注意节约，讲求实效。即使像古柏、古大存、刘琴西这样的上级领导来根据地巡视，都吃素食，睡硬板床，不给什么特殊照顾。对财务人员更是注意加强教育，加强检查督促，若发现有贪污行为，轻则撤职，重则枪毙，毫不留情。正因为五兴龙县苏维埃政府有这样铁的纪律，干部、战士才能做到奉公守法，吃苦耐劳，长期保持旺盛斗志。

在认真做好上述工作的同时，还在苏区举办妇女识字班和夜校，认真开展学习文化工作，扫除文盲；开展各种文娱体育活动，利用墙报、标语、山歌等形式大力宣传党的主张、政策；提倡科学，破除迷信，实行婚姻自由。在苏区到处歌声嘹亮、书声琅琅，人们喜笑颜开。

通过采取上述各种措施，五兴龙苏区迅速发展、壮大，至1929年冬，五兴龙苏区的范围几乎比刚成立时扩大两倍，在斗争中逐渐与赣南、闽西根据地连成一片，形成广袤的闽粤赣苏区。

三、五兴龙苏区的土地革命

农民问题主要是土地问题。开展土地革命，解决农民的土地问题，不仅是广大农民的根本愿望，也是共产党领导新民主主义革命的基本内容，也是中共中央早在1927年八七会议上确定的总方针。土地革命就是消灭封建地主的土地所有制，实现"耕者有其田"。为搞好土地革命，1928年6月，中共六大又制定了反对帝国主义、封建主义，实行土地革命，建立工农民主专政的革命纲领。1929年10月19日，东江特委为落实中共六大通过的土地政纲，从根本上推翻豪绅、地主在乡村中的统治，以扩大党在乡村中的政治影响和促进总的革命高潮的到来，作出了《关于没收分配土地问题》的10条原则，并向各级党组织发出通告，要求贯彻执行。10月20日至11月2日，朱德率领的红四军3个纵队6000多人在东江活动。10月下旬，古大存、刘光夏在梅县梅南向朱德汇报了东江革命斗争和红军发展情况，共同研究了发展东江武装斗争问题。同时又发布了由毛泽东、朱德、古大存、陈魁亚、刘光夏、朱子干、陈海云署名的《东江革命委员会关于公布执行土地政纲的布告（第177号）》[①]。

在五兴龙县苏维埃政府和区乡苏维埃政府、农会建立后，东江特委巡视员刘琴西及时召集县苏常委、区苏负责人和区联队以上干部会议，重点研究了壮大武装力量，开展游击斗争和土改分田问题，制定了"分配土地以原耕为基础，抽多补少，按户落实。统计人口，简用二级分配"的政策。兴宁县各级党、政组织，根据自己本区、乡的实际认真贯彻落实上级有关土地革命的政策法规，掀起了减租减息、废契废债、分田分地的高潮。各乡村分田具体方法主要是：以乡或村为单位，先由乡苏维埃政府（有的是革命委员会，有的是农会）指定3~5人为土地委员，组成土地委员会，实行调查土地，每家发给调查表，填明家庭人口、各人职业、耕地面积、坐落位置地名、土地所有权以及平均每年收获多少。同时摸清全乡少地和无地的农民有多少，并拟出具体分配计划。调查完毕后，即召集村民大会或乡民代表大会，报告调查土地经过及宣布把全乡地主阶级的土地（公偿田在内）无代价没收，并以后绝对禁止任何人进行土地买卖和抵押。然后再由大会报告

---

① 孔永松、松庆编著：《闽粤赣边区财政经济简史》，厦门大学出版社1998年版，第55页。

分配计划及每人分得土地多少。分配时，以乡或村为范围，以人口为单位（不分男女老幼，一样平分），以抽多补少为原则。同时留有一部分的公田，采取公田公耕的办法。乡级没有具体明确的条例，没有划分阶级，只是计口授田。

1928年冬至1930年年初，兴宁先后在水口、大塘肚、大信、新村4块革命根据地的乡村，进行了土改分田。据水口、大信、新村根据地18个自然村统计，"人口10758人，耕地16803亩，每人分得约1斗种"。水口根据地分田时，区苏维埃政府还颁发通知书给农民，作为非正式的土地证。留下的部分公田，由农民分组负责、义务耕种，收获作为公粮。五兴龙县苏政府成立后，大塘肚乡被列为土改试点，将地主及公偿土地分等计口分配给农民。在土改分田时，还发出《大塘肚乡农会布告》。

1929年夏收期间，大坪党组织从本地斗争实际出发，全面开展抗租抗债、减租减息的土地革命斗争，全镇2865户加入了农会，减租1万多石，退租退押5000多元，抗租抗债2000多石，烧毁借据640多张，受益群众2285户。罗浮在第五区农会和各乡农会的直接领导下，80%以上的农民投入土地革命斗争。据不完全统计，抗租抗债农户430户，抗租稻谷567石，抗债本息共760余元白银；勒令富豪126户交出白银13400余元、稻谷6870石给县区革命委员会。罗岗的甘村、五福、澄清、溪联、潘洞等村，进行了如火如荼的抗租抗债和以土改分田为主要内容的土地革命斗争。

土地改革以后，各地农民在自己分得的土地上收割了一至三造粮食，农民生活有很大改善。苏区人民高兴地唱道："土地革命好主张，地主豪绅一扫光，烧毁田契和债务，没收田地并岭岗，免租免债又免粮。"农民真正得到了实惠，调动了革命和生产的积极性，使党获得了良好的群众基础，为红军的壮大和根据地的巩固创造了十分有利的条件。

四、五兴龙苏区的变迁

1929 年下半年至 1930 年冬，军阀混战暂告一段落。广东军阀陈济棠与粤东各县反动武装互相勾结，向五兴龙苏区进行疯狂"围剿"。大塘肚、大信等苏区先后失守，五兴龙县苏党政机关转移到兴宁黄陂新村苏区。

1930 年 12 月，中共闽粤赣特委西北分委书记兼闽粤赣苏区特派员刘琴西到新村苏区南扒主持召开中共五兴龙县代表大会，正式成立中共五兴龙县委，书记古清海，县委常委古清海、潘火昌、蔡梅祥，委员有古清海、潘火昌、蔡梅祥、曾不凡、罗柏松、刘汉、胡坚、郑美、曾庆禄、曾九华等，组织部部长胡坚，宣传部部长郑美，县委秘书曾庆禄。会议同时决定改组五兴龙县苏维埃政府，主席潘火昌，委员有蔡梅祥、罗柏松、曾九华、刘汉等。接着成立共青团兴五龙县委，书记伍晋南，妇女主任张瑾瑜。县委委员直到春末才到齐。县委还决定将 3 县原有武装合并成立五兴龙县游击总队，总队长罗柏松，政委潘火昌（兼）。全队有 200 多人。下设 3 个中队，第一中队长钟琪，第二中队长曾林荣，第三中队长郑强。会议开了 7 天，与会者认真学习了党代表大会文件，武装了思想，增强了信心，圆满完成了会议各项任务。鉴于古清海因事未能到职，刘琴西指定罗屏汉暂时负责五兴龙县委工作。

县委、县苏维埃机关设在南扒村，县总队设在新村温屋。五兴龙县苏下设 11 个联区：上贝浮区、五岭潭区、龙安区、兴永圳区、河水区、川鹤隆区、赤龙铁区、岗马龙坪区、八乡区、东都楼区、横水区。此时的五兴龙苏区包括五华的双头、岐岭、新桥，龙川的铁场、龙母、赤岗、上坪、贝岭和兴宁的大坪、罗岗、罗浮、黄陂、龙田、石马等 16 个区，面积 2500 多平方公里，人口 26 万多；中心区域是兴宁的北部，兴宁苏区面积 1200 多平方公里，占兴宁总面积的 57%。至此，五兴龙苏区的领导中心由兴龙边的大塘肚转移到兴宁和平远边界的新村苏区南扒。

为了继续巩固和发展粤东北苏区，中共闽粤赣（省）特委西北分委于 1931 年年初发布《关于加紧年关斗争，反对进攻苏维埃及红军》的第二号通告，指出："应注意中心区域的日常工作，结合年关斗争朝着梅县、兴宁方面去造成闽粤赣苏区第二个中心，向革命的总目标前进"[1]。为此，刘琴西采取切实措施，组织年关斗争：

---

① 刘乃超主编：《刘琴西研究史料》，内部资料，2014 年，第 203 页。

一是结合年关斗争做好苏区的日常工作。培训基层干部，发展党团组织，坚持土改分田，发展工农业生产和文教事业。

二是为红三十五军输送新兵。红三十五军从信丰、安远回师寻乌的战斗中大幅减员，需要迅速补充兵员。刘琴西和西北分委领导成员及各县委领导人出席红三十五军军委会议，他从大局出发，当即决定为红三十五军输送新兵500名。

三是组建红十一军配合中央红军进行第二次反"围剿"。1931年1月，刘琴西同红十一军参谋长梁锡祜赶赴寻乌留车，根据闽粤赣军委的决定，以原彭城独立营200人为基础，将寻乌游击队、兴宁赤卫队和龙川游击队整编为红十一军独立营，营长彭城、副营长罗文彩、政委罗屏汉、政治部（处）主任梅云香，全营共500多人。这是一支巩固粤东北（寻南）苏区的主要武装力量，且为后来开辟赣东南苏区、巩固以瑞金为中心的中央苏区作出了贡献。特别在反"围剿"战争中，红十一军独立营多次参与战斗。红十一军独立营组建不久，寻乌澄江民团谢嘉犹纠集叶子畲潘满山土匪共700人，进犯车头苏区。此时，红三十五军与红十一军独立营、县游击队及龙川杨子杰部分三路包抄敌人，击溃谢、潘之敌，打死打伤多人，缴枪30余支。接着又乘胜横扫了舟溪、石正、仲石、中行等处反动民团。

1931年3月，余汉谋部二四七团张英营配合蒋介石"围剿"中央苏区、疯狂进犯寻南彭溪苏区，牛斗岗地方反动武装也随之围攻岑峰苏区。红十一军独立营和县游击队同张英部激战一天，张部溃退而逃。

4月,罗屏汉率领红十一军独立营在筠门岭与红七军配合,决定攻打澄江、县城之敌,澄江谢嘉犹团匪闻风而逃。部队直接分两路攻打寻乌县城,经一天激战,敌弃城而逃。接着,又攻打篁乡罗含章民团,一举解放了篁乡及附近的一些村庄。

8月,在第三次反"围剿"战斗中,红十一军独立营配合红七军再次攻克寻乌县城,取得胜利。紧接着根据闽粤赣军委的指示,红十一军独立营与蕉平寻工人纠察队、县红色连等整编为寻乌独立团。寻乌独立团转战粤赣边,遏制广东军阀北犯,巩固了寻南和粤东北苏区。同年冬,以原红三十五军为基础,成立新独立三师,寻乌独立团编入该师三〇八团,团长罗文彩、政委谢远青。

五、五兴龙苏区的受挫

1930年,蒋介石对中央苏区发动了第一次"围剿"。国民党粤东驻军为了配合蒋介石军事行动,开始向五兴龙苏区发起大规模的军事进攻。

1930年春,五兴龙苏区的土地革命斗争进行得如火如荼时,在"左"倾冒险路线的主导下,为了使五兴龙苏区与寻南根据地连成一片,五兴龙苏区的主力红军第五十团奉命攻打反动武装重兵驻守的反动据点——澄江。澄江位于寻乌县城北面,是通往江西中央苏区的重要据点。当时驻守澄江的反动武装力量较强，且有坚固的碉堡、围屋可以固守。而红五十团在内线工作没有做好且对山地道路不熟的情况下，于1930年3月25日进攻澄江圩，经数小时激战，敌人据守在澄江圩西北角围屋内顽抗。红五十团猛攻敌人的各个围屋火力点，但缺乏攻坚武器，伤亡惨重。这时敌人援军和当地红枪会匪徒已赶到，反包围了红五十团，全团600余人几乎全部牺牲。团长刘光夏、政委陈俊均在战斗中壮烈牺牲，参谋长邝才诚被俘惨遭杀害，仅有在外围救援的连长陈必达、骆达才等40多人突围出来。澄江战斗的失败，使五兴龙苏区特别是大信革命根据地的革命武装力量大大削弱。五六月间，在敌人重兵围剿下，大信革命根据地失守，被迫转移至新村一带。

1931年春，中共东江特委派陈锦华、廖醒中到新村苏区指导工作。这期间，五兴龙的革命形势很好，革命武装有了扩大，根据地有了发展。但到4月间，党内"肃反"运动扩展到五兴龙苏区，形势起了变化。由于中共五兴龙县委主要领导执行了过"左"的"肃反"政策，造成党内"肃反"严重扩大化，严重削弱了革命力量，五兴龙苏区的革命斗争陷入了困境。

1931年10月25日，广东军阀陈济棠派李超夫率一营匪军，联合兴宁、平远等县的反动武装共400多人，向新村苏区发动了猖狂进攻，形势十分险恶。为了保存力量，中共五兴龙县委书记陈锦华率领县总队和机关人员，避敌锋芒，凭借险要地势与敌人周旋，一边阻击敌人，一边往北撤退，转移到寻乌上苗畲岭。新村根据地被敌占据。12月，五兴龙党政机关又转移到寻乌芳田村一带，坚持游击战争。

从这时起，五兴龙苏区的革命斗争陷入低潮。

六、五兴龙苏区的历史贡献

五兴龙苏区存在前后长达 7 年时间。在党的领导下，五兴龙苏区从形成、发展、巩固至受挫的整个斗争历程中，在建党、建政、建军和实行土地革命、开展游击战争、牵制广东敌人、支援中央苏区反"围剿"斗争等方面积极开展斗争，成为中央苏区牢固的南方屏障，后来发展成为中央苏区的重要组成部分，为土地革命战争作出了重要的历史贡献。

一是为中央苏区腹地培养和输送了一批优秀干部。五兴龙苏区血与火的斗争实践，培养和造就了一大批优秀的党政军领导、骨干，并为中央苏区腹地输送了一批优秀干部。如罗屏汉、陈锦华、蔡梅祥、张瑾瑜、钟亚庆、曾不凡、罗义妹、廖醒中等。特别是原中共兴宁县委书记罗屏汉，1931 年春调入中央革命根据地后，先后担任寻乌独立团政委、中共会昌中心县委书记（接任邓小平同志职务）、中共粤赣省委候补执委、粤赣边军政委员会主席等职。原兴宁县革命委员会委员张瑾瑜，1931 年奉调中央苏区，历任中共赣南省委执行委员、粤赣省白区工作部部长等职。

二是抗击和牵制了国民党军队，密切配合了中央苏区的反

"围剿"斗争。当时，广东军阀陈济棠统领3个军、3个独立师共15万人，加上地方反动武装，共计20万兵力，而中共闽粤赣特委下辖武装才1万多人。在敌我力量悬殊的情况下，闽粤赣苏区军民不畏牺牲，顽强战斗打击敌人，拖住敌人大量军队，巩固了闽西、粤东北苏区，遏制了粤敌北犯中央苏区，减轻了中央红军的军事压力，为接连赢得四次反"围剿"斗争的胜利作出了重要贡献。

三是通过红色地下交通线为中央苏区腹地护送干部、输送物资。以大塘肚革命根据地为中心的红色地下交通线沿线设有地下交通站五六十处，纵横1000多公里，把分割的根据地、游击区联系起来，有利于向中央苏区腹地输送干部及食盐、布匹、药品等紧缺物资，这对解决中央苏区困难、粉碎敌人经济封锁起了积极的作用。

四是在第一、二、三次反"围剿"战争中，五兴龙苏区给予中央苏区多方面的配合和协作，其主要有：

其一，在政治上大力宣传中央苏区。五兴龙苏区从创建开始的各个时期，一直大力宣传中央苏区的革命斗争和各项建设的成就，以扩大中央苏区在广大民众中的影响。通过广泛宣传，使创建和领导中央苏区的毛泽东、朱德等领导人深入人心，成为广大劳苦大众心目中闹革命求翻身的希望和救星，从而激发各根据地军民以实际行动支援中央苏区的斗争，同时也使国民党反动派的军心涣散。1930年夏，兴宁县革命委员会在强敌压境之际出示的布告（第四号）中写道："在此朱毛红军，快到东江之际"，"全县工农群众，毋容逡巡怕惧"，"发展革命斗争，保护暴动胜利"。这在当时，确实起了很好的鼓舞作用和影响。1932年8月，五兴龙游击大队驳壳队队长罗亚彬从苏区执行任务回兴，身带中央苏区的宣传品，从寻乌开始沿途散发到兴龙地带，向广大民众报告反"围剿"的胜利，使大家对革命斗争充满信心。

其二，从经济物质方面，大力支援中央苏区腹地。五兴龙苏区是向江西中央苏区进出口物资的主要渠道。当时，国民党军队对中央苏区多次"围剿"，层层封锁，妄图使中央苏区军民陷于"无粒米勺水接济，无蚍蜉蚁蚊之通报"的困境。其时中央苏区的物资条件处于极度困难的境地，特别是食盐、布匹、药品等日用必需品相当缺乏。兴龙一带地区的老百姓与江西交界地人民素来贸易交往频繁。五兴龙苏区建立后，不少军民冒着风险，采取各种形式，冲破敌人重重封锁，为中央苏区输送紧缺物资，这对解决中央苏区困难，粉碎敌人封锁起了很大的作用。如在兴龙交界的渡田河开办合作商店，与白区群众以物换物的形式，换回食盐、煤油、衣料、药品等送往中央苏区，支援反"围剿"斗争。

第四节　兴龙苏区的革命斗争

一、成立兴龙县委和县苏维埃

在内忧外患的情况下，革命遭受了很大的损失。但经过革命锻炼的兴龙苏区人民并没有屈服，在极其艰难困苦的条件下，依然坚持革命斗争。1931年12月，陈锦华在寻乌芳田村主持整顿、健全游击队，将县游击总队改为五兴龙赤色游击队，第一大队队长罗义妹，政委廖志标，长枪队队长罗亚雄，驳壳队队长罗亚彬，继续坚持斗争。至1932年2月，罗屏汉、罗文彩、张瑾瑜、廖醒中、古汉中等同志调江西会昌县委工作。3月，陈锦华奉命调到江西安远任县委书记。5月，江西省政府委员古柏按苏区中央局的指示，派蔡梅祥率领陈禄先、廖志标、王宦均、罗亚彬、温国贵等十多人返回江广乡的南扒、新村一带开展游击战争，迅速恢复了兴宁县黄陂、大坪，平远县石正，龙川鹤圩、赤龙铁、上贝浮，五华县岐岭等地党和群众组织，但斗争进入异常艰苦的阶段。

1932年6月，中共兴龙县委员会在黄陂（现黄槐镇）黄沙溪成立，县委书记蔡梅祥，县委委员陈禄先、罗义妹、曾九华、梅贯华、罗亚彬，县委秘书罗保良（罗世珍）。1933年，增补古汉中、曾佳昌等为县委委员，曾佳昌任共青团兴龙县委书记。同时在黄陂新村成立兴龙县革命委员会，主席蔡梅祥，副主席罗义妹、曾九华，并将原县赤色游击队改组为兴龙县游击大队，罗义妹任大队长，廖志标任政委，古汉中、黄赤古任驳壳队队长，县委决定把主要精力放在恢复和健全原有区乡政权组织。于是新村根据地的红色政权又与敌人展开了激烈的斗争。蔡梅祥、梅贯华等率领的兴龙游击队在新村、南扒、石正等地十分活跃，神出鬼没地攻炮楼、打团防、捉土豪、发传单等，给敌人以沉重的打击。

1933年2月，江西军区第三作战分区政治部主任罗屏汉率领赣南第一挺进队（队长李大添、政委万寿）七八十人到达尧畲村，配合兴龙县委和兴龙游击队开展活动。6月，罗屏汉在寻乌南扒主持召开有蔡梅祥等人参加的战地会议，决定在兴宁、龙川广泛开展游击战争。战争连连获胜，鼓舞了兴龙根据地人民，遏制了粤敌北犯中央苏区。

1933年8月，中央人民委员会第四十八次会议提出"为开展南方战线的战争""向西南发展苏区"，并决定成立粤赣省。兴（宁）、龙（川）、信（丰）、（南）康、赣（县）边区及武（平）西工委等统归粤赣省管辖。罗屏汉在粤赣省成立会上作了关于地方武装的报告。罗屏汉、张瑾瑜、蔡梅祥当选为省苏执委。不久，蔡梅祥奉命在南扒召开党支部书记以上的干部会议，贯彻粤赣省委指示后，率领兴龙游击大队，配合闽粤赣边区游击纵队司令员罗屏汉率领的赣南游击队，在兴（宁）、龙（川）、五（华）、平（远）、寻（乌）一带广泛开展游击活动；曾一举击溃陈济棠部一个团，打败广东王赞斌部一个营，重创兴龙寻平联防大队谢海筹部；先后烧毁广州经龙川至五华县三多齐公路大桥，龙川县通衢鱼子路公路大桥以及罗坳、河田公路桥，致使龙川至兴宁、寻乌一线交通中断，扰乱了陈济棠的运兵计划。中国工农红军总参谋长刘伯承在中共中央机关报《斗争》第 42 期撰文道："在粤赣方面有赣南游击队，他曾在敌人寻乌通兴宁的交通线上，不断地袭击敌人单个部队劫夺辎重，敌人颇受威胁，屡次'搜剿'。因该游击队得到当地群众之拥护，还是继续活动。"表扬了赣南游击队的英勇斗争。

二、兴龙革命根据地的反"围剿"斗争

1932 年夏季以后，由兴龙县委领导的兴龙革命根据地逐步得到恢复，游击区不断扩大，游击大队十分活跃，敌人非常惊慌。广东军阀陈济棠一面强令兴龙平寻四县反动武装要村村设防，组织"铲共团"，强行推广保甲制度，构筑炮楼，以封锁围困苏区；一面集结大批反动军队向兴龙革命根据地发动疯狂进攻。兴龙人民在党的领导下，与敌人进行了不屈不挠的斗争。

1932 年 8 月，陈济棠派谢海筹纠集了五兴龙平寻和定七县反

动军队共5000多人对龙川上坪茶活苏区实行所谓"七县大会剿"。苏区军民与敌激战，守卫炮楼的18位干部和赤卫队员壮烈牺牲。1933年秋，闽粤赣边区游击纵队司令罗屏汉奉命率领一支部队回师兴龙平寻边境发展游击战争，在龙川上坪、江西寻乌交界地带，与邓龙光独立师发生遭遇战，双方伤亡很大，罗屏汉率部冲出重围，折回兴龙边境活动。1934年春，陈济棠派唐拨团勾结地方武装，进犯龙川上坪肯化江头畲、黄麻布等地，因寡不敌众，我军遭到重挫。这几次反"围剿"斗争的失败，使根据地军民受到很大损失。

1934年7月，为了执行毛泽东同志关于要"扩大游击区，向安远、寻乌发展，向兴宁一带创造游击区"的重要指示[①]，罗屏汉亲自率领赣南挺进队100多人再下兴龙根据地发展游击战争，有力支援和推动了兴龙人民的反"围剿"斗争。7月28日，罗屏汉率领28名驳壳队员进攻大坪上下大塘伪团防。接着又配合兴龙游击队消灭黄陂下宝龙伪团防。10月，兴宁游击队又烧毁寻乌岑峰炮楼一座。游击队频频出击，拖住了敌人，敌人只得再派重兵围困兴龙根据地。

1934年秋，中央红军第五次反"围剿"战争仍在激烈进行，由于受"左"倾教条主义的危害和影响，中央苏区范围日益缩小。兴龙根据地面临的局势愈加险恶，根据地已很不巩固，敌人布防的包围圈越来越收紧。在严酷的反"围剿"斗争中，有的经不起考验，动摇逃跑了，叛变投敌了，但许许多多党的领导人、干部

<hr>

① 中共江西省委党史资料征集委员会、中共江西省党史研究室主编：《江西党史资料·第11辑》（中共苏区粤赣省赣南省专辑），内部资料，1989年10月，第23页。

和战士都顽强地坚持斗争，至死不渝。从 1934 年下半年至 1935 年 7 月，先后有赣南挺进队政委万寿、曹进洪、兴龙县委委员古汉中、罗义妹，中央留守处主任古柏，原五兴龙县委书记陈锦华等党政军领导人在反"围剿"战斗中，或身陷重围，壮烈牺牲；或被捕入狱，英勇就义，表现了无比的英雄气概。还有许多干部和游击队员在大敌面前临危不惧，机智勇敢地与敌人浴血奋战，流尽最后一滴血。经过敌人的多次大规模"围剿"，兴龙革命力量遭到严重摧残，红色区域日益减少，游击活动区域越来越小，形势变得异常紧张。

1935 年夏，广东军阀陈济棠陆续调回参加"围剿"中央苏区的反动部队，以更多的兵力对兴龙根据地进行"围剿"，妄图把兴龙县委党政军几百人困死在深山老林里。兴龙根据地处在极端艰难的困境中。为缓和局势，罗屏汉与蔡梅祥等人商量决定将游击队分散转移到兴龙边境，坚持斗争。

6 月初，罗屏汉率领一支游击队撤出新村苏区，转战到龙川径口，一路上不断遭到敌人袭击，损失很大。不料该村地下党员曾火生已叛变，报告了兴龙边境的敌军。第二天，兴宁大坪、兰亭和龙川东坑等地的伪军和伪后备队共三四百人前来包围径口，罗屏汉率队与敌人展开激战，杀出重围，退至大坪洛洞村，后又退到大坪鸽池牛屎甲，罗屏汉壮烈殉难。7 月，冲出重围的蔡梅祥、曾佳昌等 3 人转移到大坪南蛇坑尾，遭敌围捕，被押回兴城杀害。

至此，整个兴龙根据地完全陷入敌手，兴龙根据地的革命斗争转入低潮，党组织和武装力量转入分散、隐蔽和积蓄力量的时期。

第三章
抗日战争时期

第一节　兴宁抗日救亡运动的兴起

一、抗日救亡运动的兴起与抗日救亡团队的组建

（一）青年师生掀起抗日救亡运动

受一二·九运动的影响，在兴宁一中"三四读书会"和进步师生的带领下，兴宁的抗日救亡群众运动逐渐兴起。

1930年，曾就读于上海社会学院的罗元贞在上海参加共产国际外围组织"红色国际互济会"，他了解了中国共产党的抗日民主政策，衷心拥护党的主张。1932年冬，他从上海回到兴宁一中任语文教师。他到一中后，由于教学认真，善于团结群众，很快在师生中树立了威信。第二学期，他与教师罗虫天、傅思均等合办《微言》杂志，该杂志内容新颖，宣扬民主思想，在青年中有一定影响。那时罗元贞物色了一部分关心国事、富有正义感的学生，介绍他们阅读《共产党宣言》《萌芽》等革命进步刊物，点燃了这些青年的革命火种。后经过酝酿，于1934年秋在兴宁一中北院的一个课室里，成立"三四读书会"（取名"三四"意指它成立于1934年）。这是一个怀抱救国救民理想的团体组织，在社会上

有一定的影响，团结了一批青年，会员经常保持在六七十人，一直坚持活动到 1941 年。它在兴宁抗日救亡运动中起到了先行者的作用。

一二·九运动发生后，兴宁《时事日报》有过简单的报道。次年 1 月中旬，"三四读书会"的成员联合广州国立中山大学派来的李钧祥、罗宗秀在兴宁一中南院大成殿礼堂召开动员大会，参加大会的有三四百名学生。罗宗秀主持大会。他激昂慷慨地分析了日军侵略中国，蒋介石持所谓"先安内后攘外"政策弄得国已不国的危险局面，号召广大群众起来反蒋抗日。他的讲话受到热烈的欢迎。会后，举行示威游行。当时兴宁一中校方对此忧心忡忡，立即做出不再继续期考的决定，妄图以此来削弱救亡运动的影响。果然，大会开完后，有相当一部分同学便搬行李回家，只有少数进步学生（主要是"三四读书会"的会员）在广州国立中山大学李钧祥、罗宗秀两位同学的指导下，分头深入各地宣传抗日，组织排练话剧，在龙田、新陂等地公开演出，使广大群众受到了团结抗日思想的熏陶。

（二）组建抗日救亡团队

七七事变后，中共兴宁党组织号召和指导各界爱国进步人士及群众创建了各种抗日团体，开展形式多样的抗日救亡活动。

一是组建抗日救亡团体，宣传党的抗日救亡统一战线政策。1937 年，抗日战争全面爆发，兴宁人民在兴宁党组织的领导下，各种抗日救亡组织如雨后春笋般蓬勃发展，先后建立了工人抗敌后援会、妇女抗敌后援会、学生抗敌后援会、青年抗敌同志会（简称青抗会）、七七学园、新运剧社等抗日救亡团体。他们通过写标语、发传单、搞演出、唱抗战歌、开展妇女识字运动和创办工人夜校等方式宣传抗日。兴宁的中小学师生是抗日救亡宣传大军，几乎每一间中小学都组织了宣传队伍，走街串巷、演讲、演戏、唱歌，进行募捐或收集废铜烂铁支援抗日。兴宁一中的抗战戏剧歌咏活动持续了五六年之久。这些活动在兴宁抗日救亡史上写下了光辉的一页。

另外影响比较大的是抗战版画组织。罗清桢（当时罗清桢和张慧都是左翼美术运动通讯作者）在所任教的学校成立黑白木刻研究会、饶埔战工队、百侯战时美术研究会、木刻阵地社等，通过结社、举办展览、出版刊物的形式，组织梅州地区木刻组织开展抗战宣传活动。罗清桢践行着鲁迅先生倡导的新兴木刻版画运动和现实主义创作思想，创作了《全国人民总动员》《抗战三部曲》《战地真容》等一系列战斗性强、艺术性高的抗战版画作品，有力地揭露了日本侵略者的血腥暴行和老百姓的深沉苦难，对教育、鼓舞军民抗战到底起了良好带动作用。在他影响和带动下，一批批青年版画家脱颖而出，为兴宁版画的兴起奠定了基础。

二是创办《岭东日报》和出版《救亡文摘》。1938年春，为适应抗日救亡运动发展的需要，加强抗日宣传，兴宁创办《岭东日报》，由李戈伦任总编辑，每天印刷1500份左右，发给兴宁、五华、梅县、平远各县，积极宣传抗日主张和中国共产党的民族统一战线政策，在人民群众中有较大的影响。同时，为引导民众积极参加抗日救亡运动，报社还由罗亚辉汇编、李戈仑审阅刊印《救亡文摘》。刊印了第一集，很受欢迎，没过几天便销售一空，接着继续刊印第二集和第三集。1938 年 8 月，武汉国民党解散了中国共产党领导下的中华民族解放先锋队等 14 个救亡团体。在这种形势下，兴宁县国民党当局接收了《岭东日报》。

三是举办妇女识字运动的和工人夜校。为广泛动员妇女汇合到抗日救亡的洪流中去，罗亚辉和本村的育文小学教师及一些青年商议，首先在该校办起一个三四十人的妇女识字班。全县农村办起了妇女识字班近千所，参加学习的人数达 5 万多人，有力地促进了抗日救亡运动的开展。

二、建立抗日民族统一战线

1938 年 10 月，惠州、广州先后沦陷。其后，闽粤赣边区司令部、广东省第六区行政督察专员公署、美国十四航空队均驻在兴宁，各地工商企业迁到兴宁经商办厂，在兴宁设校的有广东省文理学院、勤勤商学院、国立中山大学工学院和私立广州大学，建国日报社、大光报社等也迁来兴宁。沦陷区人民纷纷涌来，城镇人口骤增，兴宁一时成为粤东重镇。在这种特定的历史环境下，兴宁的抗日救亡运动对粤东地区有重要的影响作用。

为了团结国内各阶层群众共同抗日，中共中央制定了抗日民族统一战线的政策。中共兴宁支部坚决贯彻这项政策，抗日救亡运动的领导人根据党中央的策略，结合兴宁实际，特别注重从3个方面做好抗日民族统一战线工作。

一是利用宗族关系做好国民党上层人物的统战工作。抗战时期，兴宁罗、李两姓在国民党军政界当大官的人不少。罗姓中有罗翼群（国民党中央委员）、罗梓材（余汉谋集团军总司令部参谋长）；李姓中有李洁之（广州市警察局局长）、李振球（余汉谋部第一军军长）、李振（国民党师长）、李曰京等。为争取这些实权人物的支持，1937年12月，罗宝崇等人与一批进步青年、小学教师和学生，在罗翼群和罗梓材的支持下，成立了"兴宁县东门外乡村互助会"（以下简称互助会）。在互助会开会时，罗梓材在会上号召各祖赏进行募捐，他带头捐了500元，其他祖赏和殷实户都捐了款。经罗梓材同意，成立了有300人的抗日自卫队，下设5个区队，除大圳上区队新购德国驳壳枪40多支外，其他枪支、弹药和军事教官均由罗梓材提供，脱产3个月进行军事训练。

1937年冬，李戈伦则利用李洁之、李振球、李曰京等人的宗族关系，在新陂区成立抗日自卫队，拥有70多支洋枪、30多支土枪。在刁坊区河郑乡的进步青年曾树寰、罗科明、罗伟强等人发动组织"南乡联庄会"，共有800多人，由李振担任会长，成立了武装自卫队（中队），由李振家和各姓宗亲提供40支枪和一批子弹，实行严格的"三操两讲"，一面进行军训，一面讲授毛主席的《论持久战》。这支自卫武装队伍完全掌握在庆平小学支部手中，他们准备在日军由潮汕攻打兴宁时，组织游击队，保家卫国。

二是主动做好地方上层人物的工作。1939年春,日军准备进攻潮汕,形势险恶。其时,农工民主党人李伯球任兴宁县长。兴宁地下党负责人陈季钦指示罗科明通过进步教师刘超寰的关系,认识李伯球,被安排在兴宁县动员委员会任干事,刘超寰任民众教育馆馆长,曾伟任动员会秘书。随着抗战形势的发展,急需培养大批乡村干部。1939年6月,兴宁县政府在东门外寨仔脑举办乡村工作干部训练班(简称乡干班),由李伯球兼任班主任,罗科明、曾伟负责具体组织工作,学员大多数是参加过武装训练的青年。中共兴宁中心区委考虑到这个班极其重要,决定派党员林仕欣、李焕文到乡干班任政治指导员。乡干部训练一个月结束,李伯球把精干的学员派到各乡去当乡长,掌握各乡政府及民间的枪支子弹,准备日军从潮汕攻打兴宁时,立即全县动员,与敌人开展游击战争。

三是军事上做好武装抗日的准备。1939年2月,中共兴宁支部在神光山下陈季钦家里召开会议,进一步研究做好统战工作的问题。中共梅县中心县委陈光到会作了指示:"根据党的统一战线方针,应该团结一切抗日的进步势力,掌握武装,争取主动权,挽救时局逆转的形势。"党组织认为,李焕良(水口挺进队大队长)是农工党的骨干分子,应争取他们,团结他们抗日。因此,党组织决定派共产党员邓东浩(1936年曾任十九路军副团长)到兴宁壮丁常备队当分队长,招收60多位志愿兵,在新陂进行军事训练和抗日救亡教育。同年9月,党组织派邓东浩打进水口挺进队任中队长(当时陈侃任司令官,李焕良任大队长),以原有60

位志愿兵的壮丁常备队为基础，继续招收志愿兵，并在中队成立了中共支部，邓东浩任书记，共有党员 17 人。按组织指示，等待时机成熟后，把队伍拉出来，直接开赴抗日前线。1940 年春，这个中队开赴抗日前线揭阳绵湖驻防，由中共揭阳县委林美南领导；6 月又调丰顺隘隍驻防，由中共东江特委古关贤领导。直到 1942 年 6 月"南委事件"后，中队才停止活动。

第二节 中共兴宁地方党组织
的重建和发展

一、中共兴宁支部的建立

抗日战争全面爆发后，国共两党实现第二次合作。1937 年 10 月，闽粤赣边区党代会在福建上杭白砂召开，决定成立中共闽粤赣边省委员会。同年 12 月，潮梅地区党组织划归闽粤赣省委领导。梅县成立中共梅县中心县委员会，领导梅县、兴宁、平远、蕉岭、大埔、福建武平等县，中共梅县中心县委书记伍洪祥、组织部部长陈国桢（吴超群）、宣传部部长黄芸。1938 年 8 月，中共梅县中心县委派黄雨凝（即黄芸）来兴宁与李戈伦、廖立民、罗亚辉等联系，商讨如何重新在兴宁建立党组织的问题，不料途经径心官亭歇息时，黄雨凝因翻阅延安出版的进步书刊，被国民党军警查获逮捕入狱。不到三天，国民党当局派出武装人员围捕李戈伦、廖立民、罗亚辉。在此情况下，李戈伦、廖立民、罗亚辉三人不能再在兴宁公开活动了。他们一致决定，共同北上延安。

1938 年 11 月，尹林平派张直心回到兴宁恢复党组织，他首先吸收当时主办"南国艺术学园"的负责人王道先入党，紧接着发展李焕文、何田昌、张达群、张卓良等23位党员。

1939年2月，中共兴宁县支部成立，书记陈季钦，组织委员李焕文，宣传委员何田昌，共有党员30余人，机关驻地在兴城东门城脚抗战书报社。不久，"南委"正式决定把兴宁党组织划归中共梅县中心县委领导。

二、党组织的迅速发展壮大

1939年2月，中共东江特委成立，书记尹林平。不久，中共东江特委召开扩大会议，东江地区各县县委书记出席会议。会上讨论了当前形势，要求各地党组织进一步隐蔽起来，更好地进行斗争。此时，中共兴宁党组织为了加强对县青抗会的领导，派李焕文、何田昌等主持该会工作，并动员广大进步青年参加这个组织，青抗会实际上成为我党领导下开展抗日救亡运动的重要阵地。

1939年3月19日，经上级批准，中共兴宁县支部扩设为中共兴宁县区委员会，机关驻地设在兴城李家祠抗战书报社内，区委书记陈季钦，组织委员李焕文，宣传委员何田昌，党员有60多人。

1939年8月，何西英接任兴宁县长后，即下令解散青抗会。100多位青抗会会员在地下党的领导下，在东门纶彩小学举行集会抗议。何酉英只是把派去的 5 位代表的名字记下，对解散青抗会问题，既不敢收回成命，又不敢马上执行命令。这样，青抗会活动一直延续到寒假，直至县政府下达命令后，才被迫停止活动。

1940 年 1 月，中共兴宁县区委会改为中共兴宁县中心区委员会，仍隶属中共梅县中心县委领导，区委机关迁至兴城西河背竞新布厂内。1940 年 6 月，中共梅县中心县委派梁集祥来兴检查党的工作，在兴宁县中心区委会上宣布调整领导班子，把一些过赤干部调离兴宁。这期间，中共梅县中心县委宣传部部长在兴宁指导工作时，看到兴宁党组织发展很快，建议中心区委把全县分为 4 个工作片，设 4 个总支：城东总支部，书记张卓良，后为罗仕彦；城南党总支部，书记郑清兰（罗柏年）；城西总支部，书记张达群；一中党总支部，书记何捷芳。陈季钦、罗宝崇、朱逸谦、李焕文分别负责城东、城南、城西、一中各片党组织领导工作。

三、中共兴宁县工作委员会的建立

1940 年春，在国民党当局发动反共高潮的形势下，中共兴宁中心区委决定把区委机关由城内转移到寨子脑植基小学，作为中心区委的重要活动据点。区委下面仍分城东、城西、城北和城南 4 个工作片。同年夏，中心区委书记郑敦，组织委员由朱逸谦接任（罗宝崇主要负责植基小学工作）、青年委员陈瑾芳（又名家震）、妇女委员陈雪璋，李焕文调离兴宁，前往梅县教书。县立一中总支书记傅孝芬，青抗会支书何鼎隐（后为李楚），新陂小学支部书记张达群，龙田支部书记陈穆民，支委罗仕彦、胡廷芳，龙田中学支部书记李巨村（李菊生），支委罗卓才等。此时，全县党员已达 120 人左右，大部分分布在乡村小学。

1940 年 6 月 10 日，中共梅县中心县委成员梁集祥到兴宁（随同的有陈瑾芳），主持召开中共兴宁中心区委会议，传达全国政治形势及中共中央关于国民党统治区实行"隐蔽精干、长期埋伏、积蓄力量、等待时机、反对急性和暴露"的方针。结合兴宁的实际情况，决定对中共兴宁中心区委进行调整，调整后的中共兴宁中心区委书记为郑敦（老吴），组织委员为朱逸谦（兼），青年委员为陈瑾芳，妇女委员为陈雪璋。同年秋，石马成立了石马党支部，支部负责人陈伟光，该支部一直由陈瑾芳联系。

1940 年 12 月，郑敦奉命调离兴宁，中共梅县中心县委派陈华前来兴宁主持工作。陈华传达了上级党组织关于应付形势突变需在组织内进行整党决定的会议精神。经过整党审干后，上级决定把中共兴宁中心区委改为兴宁县工作委员会（简称兴宁县工委），县工委书记由陈华担任，组织委员朱逸谦，青年委员陈瑾芳，宣传委员廖浩民（1941 年 3 月调离后由陈瑾芳兼任），妇女委员陈雪璋（女）。全县党员共有 120 人，无固定机关驻地。

第三节　反击逆流与隐蔽斗争

一、皖南事变后兴宁党组织斗争策略的转变

1941年1月，国民党顽固派制造了震惊中外的皖南事变。事变发生后，中共梅县中心县委的电台收到新华社消息。当时，马士纯在兴宁养病，即由他传达给兴宁县工委，提醒党员严防国民党当局的突然袭击。那时国民党的报纸歪曲事实真相，造谣说新四军已被全部消灭了。春节前，马士纯通过兴宁县工委把新华社有关此事的真实报道秘密印成5000份传单，分别投寄、散发到各机关、商店、学校和知名人士，使大家明白事件真相。

皖南事变后，中共兴宁党组织提高了警惕性，县工委机关已没有固定地址，传单、报告只用口头传达，上级领导来指导工作时也使用假姓名，不说居住地址。同时，党组织还指示党员分别调查好本村地主豪绅的枪支，必要时可以夺取枪支，为武装斗争做准备。同年3月，中共南方工作委员会兴宁交通站在兴城东街31号成立，对外挂牌为"健生医院"，由吴凯、吴士良负责。他

们以医生身份做掩护开展党组织的各项工作，使党组织的地下活动能顺利进行。

1941 年，国民党统治区政治形势日益恶化。为贯彻党中央"埋藏隐蔽，蓄力待机"的方针，应付可能发生的突然事件，同年 4 月，奉中共潮梅特委指示，中共兴宁县工作委员会改设特派员制，隶属中共潮梅特派员领导，派曾广（高王）任兴宁特派员，朱逸谦、曾适、王平（王华）任副特派员。全县共有党员 150 多人，大多数分布在农村和学校。

1941 年至 1942 年春，发生了两件震动全县的大事。两件大事都是在党组织领导下进行的。第一件大事是 1941 年冬，国民党广东省第六行政督察专员公署（设在兴宁）及国民党县党部、县政府都想争夺坪塘的天主教堂。兴宁县立一中总支通过党组织领导和控制的学生会（主席袁柳青）、晨钟歌咏队和前锋读书会及教师代表何新发等，发动全校师生停课，组织约 400 人的队伍，步行到坪塘进驻天主教堂。这一行动受到国民党当局的阻挠，但师生们毫不畏惧。天主教堂的马牧师和谷牧师在师生的怒吼声中，灰溜溜地逃走了。

第二件大事是 1942 年春，何香凝（著名进步民主人士）从香港脱险到兴宁龙田镇鸳塘村罗翼群家中住了两个月。为了扩大党的影响，党组织指示兴宁一中支部邀何香凝到洋垫段（宁中镇竹一村）一中分教处彭承昌屋向广大师生作报告。何香凝在罗翼群陪同下前往分教处向一中全体师生讲话。在讲话中，她一方面严厉控诉日军侵略中国，残杀百姓的罪行；另一方面揭露蒋介石消极抗日、积极反共的态度，宣传中共关于"坚持抗战，反对投降；坚持团结，反对分裂；坚持进步，反对倒退"的主张，宣传实行真三民主义，反对假三民主义等。何香凝的讲话鼓舞了广大师生群众，提高了大家对时局的认识。

二、"南委事件"发生及其应变措施

1940 年 11 月，中共中央南方局（以下简称南方局）根据中共中央的指示，决定成立中共南方工作委员会（以下简称南委），作为南方局的派出机构，代表南方局领导江西省委、粤北省委、粤南省委、广西工委、琼崖特委、湘南特委、潮梅特委、闽西特委、闽南特委等。方方为书记，张文彬为副书记，工作机关初驻广东梅县，后移驻广东大埔县境内。1942 年 5 月，南委组织部部长郭潜被捕叛变，南委机关及所辖中共江西省委、中共粤北省委、中共广西工委和几个主要交通站相继遭受严重破坏，史称"南委事件"。

1942 年 5 月 26 日，叛徒郭潜带领国民党特务破坏了中共粤北省委。1942 年 6 月 6 日，又带领特务抵大埔高陂逮捕了南委副书记张文彬、宣传部部长涂振农，破坏了南委高陂交通站，逮捕了交通员和途经该站的师生十余人。当晚奔袭南委书记方方住处大埔角，洗劫了南委的据点"天成"商号。7 月 9 日，郭潜带领特务到桂林，破坏了中共广西工委，逮捕了副书记苏曼等30余人。

由于大埔县境内的南委遭到严重破坏，1942年6月，南委兴宁交通站被查封，兴宁党组织采取应变措施，立即疏散党员。

南方局书记周恩来获悉粤北省委被破坏的消息后，于1942年6月8日电示南委书记方方，要求南委与江西、粤北断绝一切来往，南委负责同志立即分散隐蔽，首求自保，对直接管辖下的党组织暂作静止，不作声息，不做任何活动。8月，周恩来经请示中央同意，又向广东军政委员会书记尹林平发出电报指示，指出除敌占区、游击区党组织照常活动外，国民党统治区的党组织一律暂停活动，已暴露身份的党员干部一律转移到游击区工作，其余干部应利用教书、做工、做小商贩等各种社会职业做掩护，实行勤学、勤业、勤交友的"三勤"活动；何时恢复组织活动，等待中央决定。与此同时，中共潮梅特委派特委委员张克（陈勉之）到重庆向南方局汇报请示，周恩来指示，继续贯彻中央的"隐蔽精干、长期埋伏、积蓄力量、等待时机"的十六字方针，南委所辖组织暂时停止活动，上下级不发生组织关系，不发指示不开会，不收党费，党员之间互不发生关系；何时恢复活动，等待通知决定。潮梅地区党组织由林美南、李平负责传达贯彻上述指示。

1942年9月，中共兴宁特派员根据上级指示，暂时停止组织活动，要求党员尽量转移到外省外县去，寻找职业掩护隐蔽下来，并要求每个党员都要实行"三勤"。先后转移到云南、广西、韶关、江西等地的党员有40多人。

1942年10月，兴宁党组织遭到破坏。曾担任过中共兴宁中心区委书记的陈季钦，在敌人威逼利诱下向国民党县党部和闽粤赣边区司令部（驻兴宁）自首叛变，递交了中共兴宁地下党员和进步人士的名单20多人。随着形势恶化，兴宁党组织决定，党员分几路疏散，一部分到五华，一部分到赣南（疏散到各地的党员后来大部分找到了党组织），一部分留在兴宁坚持地下斗争。

1943年3月，中共兴宁县副特派员朱逸谦（曾任县中心区委组织委员）躲避在家中，被国民党当局逮捕后，背叛革命，致使兴宁党组织受到更严重的破坏。当时，有56位党员和一批进步青年，受到国民党县政府通缉，分别到广东的五华、梅县、粤北和江西的赣南及湖南、云南、桂林和重庆等地躲避。未被通缉的部分同志，继续留在本县坚持斗争。

同年5月，兴宁抗战书报社负责人、龙田党支部书记陈穆民，被国民党军统特务逮捕，关押在闽粤赣边区司令部监狱内。他在狱中受尽严刑拷打审讯，仍坚强不屈，未泄漏党的秘密，最后被敌人折磨致死。7月，罗汉基在叶塘富祝径举办了"暑期学习班"，有韶关、梅县等地回来的党员和进步人士30多人参加。后为避敌破坏，学习班转移至五华城外三角地继续举办。

朱宗海上任一中校长后，禁锢学生思想，压制进步学生运动，取缔了悲风、松啸等进步诗社和歌咏团；甚至指使一些人出面，要学生签名献鼎，为他祝寿。1944年7月，原在兴宁一中毕业的中山大学学生、暑假回兴宁的党员罗章和罗俊珍等人发动广大同学参加"倒朱运动"，在社会上广泛散发传单，发起罢课签名运动，逼使朱宗海离校，取得了"倒朱"斗争的胜利。

"南委事件"不仅使党组织受到严重破坏，一些重要领导人、干部在事件中牺牲，同时由于党的组织活动停止，党的组织、宣传等各项工作均受到较大程度的削弱。在事件中，兴宁党组织及时采取了应对措施，制止了事态的发展，有效保护了党组织和广大干部，团结了群众，为党的组织恢复、发展壮大以及以后的革命斗争奠定了良好的组织基础、群众基础。

第四节 党组织活动的恢复
和迎接抗战的胜利

一、抗战后期兴宁的形势

1944年秋冬，国际国内的政治形势出现了对中国革命空前有利的变化。为了适应形势发展的需要，中共闽粤赣边区党委召开各地党组织负责人会议，决定恢复组织活动。不久，中央复电指示闽粤赣边区恢复党组织活动，开展武装斗争。

到1945年春，共产党领导的抗日根据地已有19块，总面积95万平方公里，人口9550万人，八路军、新四军及其他人民抗日武装上升到91万人，民兵220万人。东江纵队大力打击日伪军，取得了重大胜利，给华南人民以很大的鼓舞。形势要求潮梅地区大规模地开展抗日武装斗争。

兴宁地处粤东北，抗战前兴城（现兴田街道）人口不过万人。抗日战争开始后，由于地理位置特殊，兴宁成为躲避战乱的后方，人口倍增，最多时（日本投降前）近5万人。当时兴宁的文化教育、工业生产、交通运输、商业贸易也出现少有的战时繁荣。在文化方面，产生了具有全国影响力的抗战版画创作群体，如陈铁耕、荒烟、王立等；在教育方面，由于广州的大专院校纷纷迁到兴宁艰苦办学，培养了一大批工业应用急需人才，为后来兴宁工业经济发展奠定了基础。1945年春，广东战时临时省会韶关沦陷，一直活跃在第一战区的军事委员会政治部第三厅剧宣七队，由江西来兴，先后演出大中型歌剧《新年大合唱》《农村曲》《军民进行曲》和多幕话剧《法西斯细菌》，再次在兴宁掀起演出高潮，给兴宁人民留下了深刻的印象。当时群众评价说，这是兴宁历史上艺术水平最高的演出。

二、中共兴宁地方组织的恢复

1944年冬，日本侵略军进犯粤东潮梅地区。日军到猴子崬时，转移五华掩蔽的罗华康回到兴宁，在大坝里体育馆召开了准备组织革命武装的秘密会议，决定组织武装队伍抵抗日本侵略军。不久，日本侵略军撤出猴子崬，武装队伍便自行解散。就在此时，兴宁国民党当局加紧向进步势力开刀，首先逮捕了在县城开会的石马中学校长张直心（原东江特派员），接着又逮捕了吴永发、吴夏村、蓝展坤、黄华蒂等。

1945年春，为适应形势发展的需要，中共兴宁地方组织安排党员撤退到连平山区；由温华联系和动员本县的进步学生、青年到游击区；后来，又决定温华、罗华康、李根 3 人到五华工作，到五华后，党组织安排温华在五华附城区德义小学教书，负责联系兴宁的任务。同年春夏间，朱文、刘隐泉、罗俊珍等领导的一中进步学生，在兴宁城内建立地下活动据点：有励进学社、润根书屋、肖屋、黄家祠等。罗俊珍还在黄家祠成立了秘密的进步组织"兴宁民主促进会"，会员共 10 人，加强了进步学生中的骨干力量。

1945 年 5 月，中共五华县委为了尽快恢复兴宁党组织的活动，经请示东江特委批准，指派温华回兴宁负责恢复党组织工作，并指定中共五华县委宣传部部长钟志文直接领导兴宁党组织工作。6 月，原分散撤离到江西和其他地方的同志纷纷回来。这批骨干是恢复兴宁党组织工作的主要力量。

1945 年 7 月，中共兴宁支部在叶塘富祝径水口围温华家里的牛棚上成立，共有党员十余人，温华被指定为支部书记，李烈光为副书记兼组织委员，朱文、刘隐泉为宣传委员，隶属中共五华县委领导。

三、抗战的胜利

1945 年 9 月 16 日，侵粤日军投降仪式在广州市中山纪念堂举行。

在党的领导下，在兴宁人民群众的支持下，抗战军民互相支援，互相配合，历尽艰辛，终于赢得了最后的胜利。抗日战争的胜利，是近代以来中国人民第一次取得完全胜利的民族解放战争，是中国共产党积极倡导的抗日民族统一战线政策的伟大胜利。

在抗日战争中，日军虽然没有直接入侵兴宁，但兴宁毗邻潮汕，靠近沦陷区，曾遭日军多次轰炸，造成重大的人口伤亡和财产损失。据不完全统计，《兴宁县志》记载了在1939—1942年间，日军飞机多次轰炸兴宁的情况。其中首次轰炸发生在1939年6月15日，县一中南院北楼、民众医院药房、大新街王万华商号等处被炸。16日及以后又轰炸龙田、水口等地，炸死炸伤贫民20余人[1]。同时，兴宁籍的爱国将士在前线对日作战中付出了重大牺牲，其中罗策群、刘子超和黄士杰3位烈士就是突出代表。

---

[1] 《兴宁县志》编修委员会编：《兴宁县志》，广东人民出版社1992年版，第31页。

第四章
解放战争时期

第一节　黎明前的黑暗

一、抗战胜利后的局势和任务

经历了多年战争动荡的中国人民渴望和平和休养生息，普遍要求建立一个独立、民主、富强的新中国。毛泽东亲赴重庆，国共双方进行了 43 天的谈判，1945 年 10 月 10 日签署了《国共双方会议纪要》（即《双十协定》）。可是协定墨迹未干，蒋介石就于 10 月 13 日发出"剿共"密令，并大量印发所谓的《"剿共"手本》，欲挑起更大规模的全国内战。广东的国民党反动派也加紧对红色武装的"清剿"。残暴的敌人在加紧对红色武装"清剿"的同时，在经济上对劳苦大众横征暴敛，巧取豪夺，甚至滥发纸币，造成通货膨胀；在政治上专制独裁，剥夺人民的民主、自由。兴宁人民与全国人民一样面临着两种命运、两种前途的抉择。

这一时期，中共兴宁支部遵照中共中央和中共广东区委的指示，以进步师生为骨干，在城区和农村广泛开展爱国民主、要和平、反内战、反独裁的运动。

1945 年 8 月底，中共兴宁支部升格为中共兴宁中心支部，温华任书记，隶属中共后东特委五华县委领导。同时成立龙田、叶塘、新陂河西、附城4个支部，有党员30多人。升格后的中共兴宁中心支部迅速开展各种活动，创办了《星火报》，广泛掀起争取和平民主的斗争。

中共五华县委宣传部部长钟志文于1945年11月14日在五华县被捕入狱。钟志文是中共兴宁地方党组织的直接领导人，他为重建兴宁第一个党支部做了大量工作。事件发生10天后，温华从五华赶回兴宁，召集支委开了紧急会议，研究营救钟志文的对策，决定：（1）迅速将钟志文被捕的消息，传达到有关同志，并且要求提高警惕；（2）迅速找到关系，了解钟志文在狱中的表现；（3）迅速与上级取得联系。接着，温华与徐丹华到五华请示，中共五华县委指示兴宁党组织要尽力设法营救。通过党员李根、彭洪元等争取了看守人员袁仕华，使钟志文于1946年正月十六日下半夜越狱成功。这是兴宁党组织出色地完成上级党组织所赋予的一件重大任务。

二、实行隐蔽待机的方针

1945年9月19日，中共中央制定全国战略方针，即"向北发展，向南防御"。其主要任务是：继续打击敌伪，完全控制热河、察哈尔两省，发展东北并争取控制东北。中共中央同意让出广东等8个省的根据地，并将应整编的部队北撤，正体现了这一方针。据此，广东党组织在东江纵队北撤后，停止了武装斗争，进入了分散隐蔽阶段；但是党并没有停止活动，而是采取各种形式开展秘密活动，兴宁党组织利用各种条件坚持斗争。

一是创办《自由风》月刊。1946年4月21日，中共兴宁中心支部在中共后东特委的领导和鼓励下，创办了《自由风》月刊。主编是进步教师陈启贤。创刊号刊登了《正视东北问题》一文，抨击国民党反动派搞假和平、真内战的阴谋，遭到国民党兴宁县党部的查禁。接着，兴宁的《时事日报》登了一篇题为《共产党的应声虫——评"自由风"》的反动文章，大肆攻击诬蔑，《自由风》仅出版了一期，便被迫停刊了。

二是改编新社团。进步青年的秘密组织新社团成立于1944年冬。1947年2月间，新社团接受了党组织的建议，通过决议宣告解散，此后，该组织的大部分成员加入了中国共产党。

三是贯彻隐蔽待机方针。1946年6月，按照国共两党达成的协议，东江纵队北撤山东。与此同时，蒋介石悍然撕毁《双十协定》，全面发动内战。广东国民党当局到处搜捕中共党员。后东特委要求中共兴宁中心支部分散隐蔽，长期埋伏，保存力量。一些政治面目暴露过多、不适宜地方工作的党员撤退。留下的党员均通过各种社会关系寻找职业隐蔽起来，深入农村宣传革命、发动群众。

第二节　党组织的再次恢复和发展

一、中共兴宁党组织的再次恢复

从抗日战争后期开始，中共东江后方特别委员会（以下简称后东特委）、中共九连工委和中共闽粤赣边区工委属下的中共梅县工委先后派地下党员回来兴宁，继续恢复和发展中共兴宁地方党组织，并建立新的据点。1948—1949年先后建立了几个边县委、区委组织，开展革命斗争。

（一）中共兴宁县工作委员会成立

1946年夏，中共后东特委指示中共五华县委，撤销兴宁中心支部，改升为中共兴宁县工作委员会。任命温华为特派员，李烈光为副特派员，隶属中共后东特委领导。李烈光转移到外地工作，由刘陶汉接任副特派员。

（二）中共兴宁中心区委员会成立

1949年1月上旬，中共五华县委在河源、五华边区举办白区党支部书记训练班，兴宁由特派员温华（锦华）率队参加学习班。其间，中共五华县委书记张日和宣布，经上级党委批准，撤销兴宁县工委，成立中共兴宁县中心区委员会，任命区委领导成员：区委书记温华，组织委员刘陶汉（志祥），宣传委员刘洪涛，青年、妇女委员陈韬（菊华）。

1947年夏至1949年春，中共兴宁县工委（中共兴宁中心区委）先后恢复和建立新陂、鹅湖、叶塘、叶南等6个党支部[①]。

（三）中共兴宁特派员

中共兴宁特派员隶属中共梅县工委领导。1946年8月，闽粤赣中心县委属下的中共梅县工委特派员派罗妙（原名罗启茂）为兴宁特派员，带12位党员回兴宁恢复发展党组织，开展革命工作。机关设在坭陂月湖小学，主要活动地区在兴宁南部。1947年4月，中共党员陈世清在江西寻乌被捕，为确保安全，罗妙奉命调离兴宁。与罗妙同时离开兴宁到外地工作的还有范佑民和李中平。兴宁党组织由范添泉负责。

（四）隶属中共梅兴丰华边县（工）委领导的中共兴宁支部

1948年1月，中共梅县（白区）组织决定，范添泉从梅县调回兴宁工作，同时成立中共兴宁支部，支部书记范添泉，下设2个党小组，党小组长彭迪帆和游世珍，先后有党员17人。

此外，仍有不少党员从各种渠道回到兴宁开展组织活动，他

---

① 刘碧光编：《解放前中共兴宁地方组织简况》，内部资料，1999年4月。

们有的是中共梅县中心县委驻兴宁工作的单线联系的党员，有的是九连游击区入党后回兴工作的，有的是从香港达德学院、中山大学、广州市学联回来的。

据不完全统计，1945 年 7 月—1949 年 6 月期间，在兴宁活动过的党员有 130 多人 [①]。

二、几个边县（工）委的建立

（一）中共梅兴丰华边县（工）委员会成立

1948 年 1 月，在梅县梅南黄礤村，成立梅（县）兴（宁）丰（顺）（五）华边县工作委员会，隶属粤东地委（后为梅州地委）领导。工委书记熊培，副书记萧刚，组织部部长叶芬（女），宣传部部长杨山，执委姚安（李白）、陈华。

同年 10 月，撤销边县工委，成立梅兴丰华边县委员会。县委书记姚安，副书记陈学。下属 7 个区委员会，与兴宁相关的有以下两个：

中共畲江区委员会。中共畲江区委于 1947 年 10 月成立，原属中共梅县特派员领导，1948 年 1 月划归梅兴丰华边县委领导。10 月前区委书记姚安，组织委员李海（后任副书记），宣传委员

---

① 温华：《无悔》增修版，内部资料，1998 年 11 月。

陈佳旺〔1948年夏由张涛（金茂）接任〕。

1948年10月至1949年6月上旬，区委书记李海，副书记范佑民，组织委员罗克明，宣传委员陈燕（女）。

中共华区委员会（兴丰华区委员会）。中共华区区委于1949年2月成立，至6月上旬书记为陈运章，组织委员罗章，宣传委员张涛，妇女委员李惠。

上述两个边区委员会，主要活动在兴宁东南部的水口、下堡、宋声、新圩、坭陂，以及梅县西南部、丰顺北部、五华东部等地。

党员人数包括县委领导机关及两个边区所属共约70人。

（二）中共梅兴平蕉边县（工）委员会成立

1948年1月，成立中共梅（县）兴（宁）平（远）蕉（岭）边县工作委员会，领导四县边境地区的革命斗争。机关流动于梅西大坪、瑶上等地，隶属中共粤东地委领导。

县工委书记黄戈平，组织部部长黄旋，宣传部部长叶雪松，委员程严（兼独四大队长）。同年5月，由于黄旋、程严在对敌作战中，受伤被捕（程严被杀害）。为加强领导，根据粤东地委指示，县工委改为边县委员会。书记仍是黄戈平，叶雪松改任组织部部长，陈悦文任宣传部部长，叶寒生任执委兼任独四大队队长。8月，增补萧刚为副书记，执委刘安国、彭炎兴、陈质兴（未到职）。下属6个边区委员会，与兴宁相关的有梅兴边区委员会。

同年冬，撤销梅兴平蕉边县委员会，分别成立中共梅兴平边县委和蕉岭县工委。

（三）中共梅兴平边县委员会成立

1948年12月，在梅县西部，成立梅（县）兴（宁）平（远）边县委员会，至1949年6月上旬。主要活动地区有梅县西部、平远西南部和兴宁东北部的黄槐、黄陂、岗背、龙北、石马、罗岗、径心、永和等（包括边区委活动地区）。隶属粤东地委领导。

梅兴平边县委书记陈悦文，副书记兼宣传部部长萧刚，组织部长叶雪松，副部长章日新。次年3月增补执委陈百涛、章日新、李发英、曾方元、赖森文、蔡双福、陈玉堂（陈接任宣传部部长）。下属若干边区委，与兴宁相关的是梅兴边区委。

中共梅兴边区委成立于1948年8月，至1949年6月上旬，区委书记为陈质兴。陈牺牲后，由叶焕泉接任书记，副书记李光，组织委员先是叶焕泉，后为叶铭贤、曾宏中，宣传委员余意（刘莹）。

上述两个边县委领导机关及边区委，先后有党员约50人。

（四）中共丰华兴边县工作委员会成立

1948年10月，成立丰（顺）（五）华兴（宁）边县工作委员会，至1949年5月。隶属中共潮汕地委领导。主要活动地区为兴宁、丰顺、五华三县相关的边境乡村。工委书记廖志华，次年3月廖调动工作，由丰顺县委书记蔡洛明兼任工委书记，组织委员李娥，宣传委员张九。

1949年5月后，该工委及其所属组织没有参加兴宁的接收建政工作。

1949 年 6 月中共兴宁县委成立前后，全县还有一批从中共华南分局、兴梅地委等上级组织派来的和本县新吸收入党的党员。

此外，尚有一批抗日战争时期入党的老同志，如邹方子、陈义为、肖俊英、刘莲英、蓝银招、彭洪元、李清坚、罗鸿庆等人，他们一直在兴宁县坚持革命工作（党的十一届三中全会后，落实干部政策，恢复了上述同志在抗战时期入党的组织关系）。

整个解放战争时期，先后在兴宁工作、战斗过的共产党员人数总计 286 人。

三、全力支援游击区

（一）组织青年及物资进入游击区

从 1947 年起，根据中共中央的作战方针，解放战争从战略防御转入战略进攻。在这大好形势下，1947 年 5 月，中共香港分局号召广东省各级党组织，大胆放手发动群众，为建立解放区而斗争。广东党组织决定大规模恢复武装斗争。中共兴宁党组织积极响应，从这时开始，直至 1949 年 5 月，中共兴宁党组织（由温华同志领导的中共兴宁县工委，后改中心区委）发动了两次参军高潮。第一次是 1947 年 7 月至 1948 年 3 月，这次动员参军人数达 130 多人，大多数到了九连山的连平、和平地区。第二次是在 1948 年 8 月至 1949 年 4 月，这次参军人数达 200 人之多，除连平、和平之外，主要是在河源、紫金、龙川、五华等地。在这两次参军高潮中间，中共九连地区工委先后有罗汉基、陈文芳、刘史桢等人回到兴宁，和地下党组织配合，共同组织革命青年到游击区。如朱振汉，是陈金烈士亲自培养的革命战士，在1948年大湖战斗中光荣牺牲，牺牲时年仅16岁。

为完成任务，中共兴宁党组织先后开辟了四条秘密交通路线：一是由叶塘至龙兴亭、再到赤岗找地下党的邓伯，到川北大队转送；二是由新陂至叶南再到铁场，转到河源船塘找农会的黎伯文转送；三是由叶南至五华新桥再转潭下大田至黄村农会找黄四姐转送；四是由筠竹至新桥转潭下中心坝。

1948年1月，中共梅县组织决定调派范添泉返回兴宁工作，成立中共兴宁县支部，范添泉任支部书记，下设2个党小组。同年春夏之间，梅县党组织从游击区派罗章到兴宁建立了单线联系的关系，并派蓝明光（水口人）为专职交通员，以范添泉家（坭陂合湖上莹）为固定交通点。从此，红白之间的书信往来、人员交往、物资输送等，均经过上述交通点。随着革命形势发展的需要，还建立了两条秘密交通线：一是从县城（联系人朱展球、李甦仁）经城南义尚小学（党员游世珍所在）至刁坊的通海小学和横江小学，坭陂的合湖新校和月湖小学，新圩的崇文小学至游击区；二是从县城经城北的鹅湖瑶楼上虹光楼张屋（张晋平家），坭陂的东观小学、新圩的崇文小学至游击区。随着形势发展和变化，先后输送至游击区革命青年总数在200人以上。

（二）扩大游击区的斗争

1947 年 9 月，中共粤东地委派原中共梅县特派员廖伟到梅兴丰华边组建边县工委和边县武装，1948 年 1 月成立了中共梅兴丰华边县工作委员会，1948 年 10 月正式成立了梅兴丰华边县委，先后建立了畲江等 7 个区委，同时建立了粤东支队独立第三大队。全边县党政军脱产干部战士计 600 人左右，民兵 1000 余人，有力地控制着梅江上游水运和梅畲兴揭公路交通干线，牵制着国民党地方武装近千人的兵力。

四、组建"三反"革命团体

兴宁地处粤东北，历来交通、经济、文化比较发达。解放战争期间，国民党广东省第六区行政督察专署及其保安司令部和国民党军闽粤赣边区司令部均设在兴宁，成为粤东北政治中心。兴宁县自卫大队属下的 3 个中队共有 300 多人，梅兴平龙寻五县联防自卫大队谢海筹部 200 人，加上独九营（约 500 人）警察局等反动武装约共 2000 多人。面对敌强我弱的情况，中共兴宁地方组织认真广泛宣传组织群众，做好统战工作，积极主动，输送人力物力，支援解放战争。

中共兴宁地方党组织恢复重建后，便组织全体党员和发动群众，利用公开和半公开及秘密的各种形式，在群众中掀起反内战、反迫害、反"三征"（征粮、征兵、征税）的活动，通过各种方式传播进步思想，扩大政治影响。通过组建革命团体，演进步话剧，发动群众唱革命歌曲等方式，提高群众政治觉悟和营造声势。如1947年暑期，中山大学"兴宁同乡会"进步学生陈秀宾等一二十人在兴城成功地演出了大型话剧《朱门怨》，影响很大。

五、分化瓦解敌人

中共兴宁地方党组织认真贯彻党的统战政策，对爱国民主人士和开明士绅等进行统战工作，分化瓦解和孤立敌人，削弱敌人力量。

一是争取上层人士，安插革命人员，搞情报、建据点、争阵地。1948年，共产党员李侃民通过上层人物罗梓材、廖鸣欧的关系打进国民党兴宁县政府担任教育科长、秘书室主任等职，将县府内的秘密情报，及时传到共产党员刘小村（单线联系）手里。为了做好统战工作，发展革命据点，共产党员刘小村、刘陶汉出马布署各点负责人，通过各种关系，争取团结一批乡村中族姓中的知名人物，配合群众的力量，采取清算斗争搬石头、聘用、公开合法与幕后指挥等方法，控制了20多所中小学和十多个村保的领导权；以此为据点发展了周边农村的革命势力，建立龙田的曲塘、双溪、富和及罗岗的潭坑、甘村、霞岚、官庄、溪尾，罗浮的浮中、浮北，岗背的寺岗为中心的点线面连成一片的据点与根据地，他们的活动还扩展到叶南的麻岭、附城的鹅湖等地。

二是利用"五同"关系，打进去拉出来，搞两面政权。1946年8月间，梅县党组织派罗妙为兴宁特派员，转入农村工作。其利用坭陂汤湖村月湖小学，完成选点布线的工作。新圩是通往游击区的必经之路，但没有地方可设联络点。罗妙指示党员彭迪帆利用"五同"关系，通过做工作，村里人推举他当上校长，地下联络点也就设在那里了。

1948年年初，为了对付敌人的"十字扫荡"，梅兴丰华边县委和独三大队在巩固畲区游击根据地的同时，进一步做好分化瓦解敌人的工作。同年2月，根据边县委的部署，在游击根据地成立一个特殊的监护所，指派古柏茂负责，地点设在鳄鱼嶂、矮嶂子，这里山高林密，不易被敌人发现。这个监护所是秘密的，主要任务是：（1）看管好在战斗中抓来的俘虏等人员；（2）做好这些人的思想政治工作；（3）动员其家里为解放战争献钱、粮、枪、药品等物资，为部队解决给养。直至5月，先后监护了十多个对象，经过教育大部分思想有了转化，为游击队筹集了一批钱、粮和枪支及其他物资。

1946—1949年间，中共兴宁地方组织积极开展统战工作，控制的国民党乡政权的乡长有十多个。

第三节 策应粤东起义

一、粤东起义

1949 年 5 月 14 日，国民党广东军政官员和民主人士吴奇伟、李洁之、曾天节、肖文、魏鉴贤、魏汉新、蓝举初、张苏奎在龙川老隆联名发出反蒋起义、投靠人民的《我们的宣言》，宣告与蒋介石反动集团决裂。在发出宣言的前后，他们分别在广东龙川、梅县、蕉岭、兴宁等地率领各自的部队机关先后起义，接受中国共产党的领导，与国民党反动派进行武装斗争。由于起义地点在广东东部的东韩江地区，人们称之为"粤东起义"或"兴梅起义"。

1949 年 3 月，爱国民主人士李洁之被国民党广东省政府任命为第九行政督察专署专员兼保安司令。李洁之早有反蒋准备，为取得共产党的支持，赴任前三次由穗赴港，与中共香港分局取得联系，商谈起义问题。

3 月 23 日，李洁之以处理家务为名，前往香港，通过陈卓凡的关系，见到了中共香港分局饶彰风、黄声。李汇报了自己的思想和起义意图，并提出在他出任专员时，希望游击队暂时不要攻城，以免国民党加派军队"进剿"。

4月9日，中共华南分局书记方方通过地下党员陈汉欣的关系约李洁之谈话。李洁之向方方汇报了广东军事政治经济情况及余汉谋、薛岳等对时局的看法和态度以及自己联合起义的打算。方方对李做了指示后，指派地下党员陈汉欣担任他的秘书，以便联系和协助李的工作。

4月中旬，李洁之根据方方的指示积极开展工作，与兴宁县长陈郁萍、驻兴宁的保安独立营营长赖侠、驻梅县保安第十二团营长孔昭泉等密切联系，并于24日抵达兴宁。5月1日，根据广东省国民党政府命令，原第六行政公署和保安司令部改称第九行政区督察专署兼保安司令公署，设在兴宁。管辖县份为五华、兴宁、梅县、平远、蕉岭、大埔等6县。区内有兵力5500人。其中，兴宁境内有：专署保安连150人，省保安独立第九营500人（驻兴宁神光山兵房及畲坑、水口等地）；张英的自卫大队和新陂自卫队400多人，谢海筹为队长的联防自卫队100多人（驻兴宁、平远边境）以及兴宁县警察大队和保安营共800多人。

李洁之接任第九区行政督察专员兼保安司令职后，根据方方指示精神，于5月2日下令释放政治犯，并用电话通知各县暂时停止征兵、征粮，有目的地把分散各地的保安部队，以连为单位调集于各圩镇，并规定凡出击游击队的，须经请示报告。同时派秘书陈汉欣与中共兴宁地方组织取得联系，交换情报，以免发生误会。紧接着，李洁之又派秘书陈汉欣等人与中共梅兴丰华边县委负责人联系，并派人与梅州地委代表接洽。

5月5日，李洁之打电报给香港的陈卓凡，请中共香港分局早日派人前来兴宁指导起义工作。

5月14日，粤赣湘边纵东二支部队主力顺利解决了坚持反动立场的列应佳团，广东省保安十三团团长曾天节率先在龙川老隆提前起义，并与吴奇伟（广东省绥靖公署副主任）、李洁之、魏汉新（广东省保安十二团团长）、蓝举初（保安独立营营长）、魏鉴贤、肖文、张苏奎等人领衔联合发表《我们的宣言》，宣布脱离国民党反动阵营，投靠人民，拥护中国共产党，原定20日举行的粤东起义提前打响。

5月16日，彭迪帆奉命送叶斯伦、陈汉欣到梅兴丰华边游击区找梅州地委联系李洁之起义事宜。

5月17日，李洁之请县长陈郁萍在县政府邀集兴宁各界代表，由陈代表专员李洁之号召所属各部实行起义，接受中国共产党领导的决定，并分析了形势，阐明中共中央对起义人员既往不咎、立功受奖的政策，大家表示拥护。

5月18日，李洁之、陈郁萍所掌管的保安独九营和县保安营宣布起义。陈郁萍以县长名义贴出布告，宣布兴宁解放。全县各区也张贴起义布告，并支持接收旧政权，兴宁获得解放。

6月21日，中共中央、中央军委领导人毛泽东、朱德对吴奇伟、李洁之、曾天节等人的义举十分重视并复电嘉奖："接读诸先生五月十四日宣言，决心脱离国民党反动派，加入人民解放军行列，极为欣慰。希望你们遵守人民解放军制度，改造部队，与人民解放军整个力量协同一致，为解放全广东而奋斗。同时，告诉广东的一切国民党军，凡愿脱离反动派加入人民解放军方面者，我们将一律不究既往，表示欢迎。"①对粤东起义作了极高的评价。

粤东起义后，带动闽西地区起义，使两个边区16个县的广大地区连成一片，给粤、闽两省国民党反动当局一个沉重的打击，加速了蒋家王朝的灭亡。起义的成功，使粤东人民避免了一场流血战争的灾难，保护了人民生命财产的安全，为南下大军加速解放华南地区创造了有利条件。粤东起义的实践证明，认真贯彻执行党的统一战线政策，分化瓦解敌人，化敌为友，团结一切可以争取团结的力量，是一项英明正确的政策，其历史意义是深远的。

二、和谈协议达成

1949年春夏间，全国革命形势迅速发展。在此形势影响下，中共兴宁中心区委通过李焕良的关系，策动国民党张英为大队长的兴宁县自卫大队起义。当曾天节率领保安十三团在老隆起义的消息传来，中共兴宁中心区委认为起义时机已经成熟，5月17日晚上，派党代表温华、刘洪涛、陈韬、陈瑛、李清渊等与兴宁自卫大队的代表李志宏、罗造英、黄湘宏、陈茂青等以及李伴英（兴宁县国民党政府参议长）参加。在新陂力行小学对面河圳上举

---

① 《毛泽东、朱德复吴奇伟等电》，中央档案馆编：《中共中央文件选集·第十八册（一九四九年一月至九月）》，中共中央党校出版社1992年版，第337页。

行第一次谈判。经过谈判，对方同意立即起义。

谈判后第二天，国民党兴宁县自卫大队三个中队和新陂自卫队宣布起义，接受我党领导，并把队伍拉到新陂、叶塘。这时，中共兴宁中心区委看到了李洁之、陈郁萍的起义文告。当晚，中共代表温华、刘洪涛等十多人，与李伴英、李志宏、李楚权及李焕良等人在新陂圩忠烈祠举行第二次谈判，双方达成协议，并做出3条决定：

1. 同意三个自卫中队，包括两个小分队，即日起撤出原驻地。

2. 正式宣布起义，成立一个团的建制，三个中队及两个自卫队改为四个营，暂不扩充兵员。

3. 撤出原驻地后，部队的给养由李伴英先生代为垫借解决。

县自卫队宣布起义后，中心区委按照原来计划，把他们改编为一个团，名称为"兴宁人民解放军第一团"。团长李焕良，副团长李志宏，参谋长李楚权。兴宁县临工委成立后，由县临工委派罗晓维为该团政委，陈璞（陈秀宾的化名）为副政委，政治部主任为陈璞（兼）、刘丁。此后，县临工委调集大批党员进去，加强连队的建设，改造起义部队。

经过一段时间各方面的支持和配合，策反起义工作取得了彻底的胜利。通过整编、教育、改造工作，把一支国民党的地方武装整编为中国人民的武装。不久，该团即改编为中国人民解放军闽粤赣边纵队直属（暂编）第三团（简称边三团）。1949年11月中旬，在汕头专区澄海县的东湖整编为一个营。李焕良团长转业到汕头专署工作。

第四节　人民政权的建立与巩固

一、临时接管政权的成立

1949 年 5 月 18 日，国民党兴宁县县长陈郁萍宣布起义后，兴宁宣告解放，中共兴宁地方党组织积极主动做好接管建政工作。5 月 21 日，中共兴宁中心区委派罗晓维、陈秀宾两人到兴城金宾酒店三楼，由陈汉欣引见起义领导成员。会见时，中共代表对李洁之提出的两项问题作了答复：（1）各机关单位暂时由原负责人维持，专署各处室由中共派一人实行联合办公，以求得"上求团结，下求安定"的局面，待请示上级后再行接收；（2）梅兴平寻龙五县联防主任谢海筹本人身家性命，由中共负责担保安全，不受侵犯，其政治态度要由李洁之先生担保。但李洁之考虑谢海筹的为人刚愎自用，不敢担保。而谢海筹顽固坚持反动立场，即率队逃往江西寻乌一带。

5 月 20 日晚，李戈伦在金宾旅店邀温华、叶斯伦、李甦仁等十多人一起开会，决定成立兴宁县临时工作委员会（以下简称兴宁临工委）。主任李戈伦，副主任罗晓维、卢怀光，委员有温华、叶斯伦、李甦仁、李冰、陈秀宾等。隶属梅州地委领导。1949年5月21日在大坝里体育馆挂出"兴宁县临时工作委员会"招牌，开始办公。兴宁临工委成立后，根据方方"安定上头，发展下头"的指示，经研究做出如下决定：（1）稳定起义人员的情绪，给起义部队发军饷，向他们宣传党对起义人员的政策，不要轻信谣言；（2）没收官僚资本；（3）出版《兴宁人民日报》，由姚明主办（后由陈汉欣主办）；（4）收缴民枪；（5）救济春荒。并请求闽粤赣边区党委派遣部队进驻兴宁。

1949年5月下旬，中共东江地委书记梁威林偕同中共五华县委书记张日和、副书记郭汉邦到兴宁与中共梅州地委书记王维会见。张日和将原属粤赣湘领导的兴宁中心区委的50多名党员及其工作关系全部转移给梅州地委管辖，由中共兴宁县委领导。

5月28日，闽粤赣边纵副司令员铁坚率边一团、边二团，王立朝率一支队二团进驻兴宁县城，受到群众夹道欢迎。李洁之、陈郁萍等在金宾酒家举行欢迎宴会。边纵部队进城后，闽粤赣边区党委决定在兴宁成立兴梅地区联合工作委员会。主任铁坚，副主任李洁之，委员有廖伟、魏鉴贤等。不久，由于形势发展的需要，闽粤赣边区党委决定撤销兴梅地区联合工作委员会。7月28日，成立潮梅人民临时行政委员会，林美南为主任委员，李洁之、廖伟、黄声为副主任委员，魏鉴贤、杨世瑞、罗明、黄维礼、方东平、陈明等为委员。潮梅人民临时行政委员会辖潮汕、兴梅所属17个县市，人口共300余万。

6月1日，兴宁县成立兴宁军事管制委员会，主任李戈伦，副主任徐达，顾问陈郁萍。隶属梅州地委和第一支队领导。

二、人民政权的建立和武装力量的整编

1949年5月30日，中共闽粤赣边区党委领导人王维、陈明在兴宁附城鹅湖张屋召开闽粤赣和粤赣湘系统的负责人联席会议，成立中共兴宁县委员会。县委书记姚安、副书记萧刚、组织部部长温华、副部长罗章、宣传部部长姚明、副部长刘洪涛。县委常委有：姚安、萧刚、温华、姚明、马添荣（兼副县长）、罗章、刘洪涛。

新县委成立后，委派了15个区人民民主政府的指导员（党代表）：龙田区李祯荪，新陂区李清渊，刁坊区曾宏中，永和区李光，坭陂区范佑民，新圩区彭迪帆，水口区黄露光，径心区邓其生（邓萍），石马区叶焕泉，黄陂区余意（刘莹），罗岗区陈衍清，罗浮区袁若芳（代），大坪区刘小村，叶塘区蓝伯欣（劲），附城区张涛。

1949年6月19日，兴宁县人民民主政府成立，机关设在旧县政府内，隶属中共梅州地委领导。县长李戈伦，副县长马添荣。下辖工作机构，设13个科、室、处，派出15个区署正、副区长。

各区区署正、副区长：龙田区区长刘仲良，副区长刘映球；新陂区区长李焕文，副区长刘涤心、黄绍明；刁坊区区长罗志元，副区长曾碧芎；永和区区长李光；坭陂区区长范佑民；新圩区区

长彭迪帆；罗岗区区长彭子健，副区长刘竟生；石马区区长何彬荣；黄陂区区长曾绮春；叶塘区区长李益宏；大坪区区长刘小村；水口区区长黄露光，副区长刘超寰；罗浮区区长黄荫泉；径心区区长幸科（振仪）；附城区区长朱展球。与此同时，县妇联、县工会、青年团等组织机构也相继建立起来。

1949年5月底，中国人民解放军闽粤赣边纵决定，由兴宁自卫大队起义人员改编的兴宁人民解放军第一团正式编入闽粤赣边纵直属第三团，部队扩充到900多人。团长李焕良，政委饶辉，副团长李志宏、刘镜，政治部主任陈韬，副主任高原。同时，粤赣湘边纵东二支队调排以上政治干部丁毅村等20多个党团员充实连队，团政治处及政工队等机构。成立了团党委，党委书记饶辉，副书记陈韬，委员有高原、刘镜、蓝海、陈瑛和曾浪。各营分别成立了党支部，从组织上保证了党对部队的领导权。闽粤赣边纵还派梅州地委副书记陈仲平到兴宁参加边三团的整编和检阅队伍。边三团隶属闽粤赣边纵司令部领导，由边纵司令部调遣，主要在兴、丰、华边活动。

6月4日，中国人民解放军闽粤赣边纵队第一支队第六团成立，团长李海，政委姚安（兼），副政委萧刚（主管部队）。同时建立了团党委，书记萧刚，副书记李海，从组织上保证了党对部队的领导权。边纵一支队第六团主要在兴宁活动。全团发展到600多人，隶属闽粤赣边纵第一支队司令部领导。

与此同时，县警卫部队（警卫连）、公安大队、各区武装中队也相继建立起来，公安大队长房泰山、警卫连连长张启勋。

三、击溃残军窜扰，彻底获得解放

1949 年 7 月初，在人民解放军南下大军的追击下，败退到江西赣南的国民党嫡系胡琏兵团残部 4 个支队约 1.5 万人，由兴宁地方反动头子谢海筹勾引，窜扰粤东地区。7 月 6 日，中共梅州地委发出"保卫夏收，保卫家乡，消灭南溃残匪"的号召，中共兴宁县委按照计划部署撤退。7 月 13 日，兴宁县委、县政府主要领导撤离兴城，向叶塘山区转移。当晚，胡、谢部队进占县城，兴宁军民对敌反击的序幕从此拉开。

谢海筹进占县城后，自封为兴宁县长。他们进城后向工商界大肆要钱要粮、筹募军需。中共兴宁县委按照中共梅州地委的指示，组织农会、民兵和武工队狠狠打击胡、谢部队。16 日，兴宁县委、县政府在五华召开战地会议，研究决定不与敌人硬碰，到兴华边山区打游击。

1949 年 7 月至 8 月，闽粤赣边纵第一支队第六团在兴宁北四区不断粉碎敌人的进攻。7 月 13 日，六团二连和县公安纠察队护送县委机关干部转移。次日凌晨，在叶塘富祝径与胡、谢部队展开激战，打退敌人多次进攻，保卫了县委党政干部和一批档案物资安全转移。胡琏部主力洪都支队极力找寻六团主力决战，六团则采取"敌进我退，敌驻我扰，敌疲我打，敌退我追"的游击战十六字方针，打击拖垮敌人，保存自己。

7 月 18 日，胡琏洪都支队在谢海筹部配合下共 1000 多人向驻在罗岗的一支队六团进攻，包围了罗岗土礤下的四团一连（归六团指挥）。四团一连与敌人展开激战，六团一连、二连、五连及警卫排共 300 多人掩护四团一连突围，敌军被迫当天退出罗岗返回县城。7 月 25 日早晨，在罗岗镰子寨，六团 300 多人为阻击胡琏、谢部队北上罗浮，与 500 多人的残敌激战，毙敌 30 多人。8 月 9 日，六团在大信边界的寻乌县方塘肚袭击了寻乌县国民党自卫队。

8 月 28 日，在边纵队一支队六团、边三团的有力打击下，胡琏兵团及谢海筹残部逃离兴宁，往丰顺、汕头方向逃窜。是日，边三团、一支队六团和县委、县政府机关干部返回县城。9 月初，败逃的胡、谢部队在水口、新圩等地农村大肆抓丁抢掠，县委决定由一支队六团、边三团追击在水口的敌人。9 月 3—5 日，追击持续数天后，胡、谢残部溃逃至丰顺。

9 月 10 日，中共兴宁县委接到中共梅州地委拍来的紧急电报，逃至丰顺的谢海筹被任命为"反共救国军闽粤赣边游击纵队司令"，由胡琏兵团派一个加强营护送，回窜兴宁。县政委立即决定派一支队六团和边三团到水口阻击敌人，县委、县政府机关暂时撤出县城。18 至 19 日，边三团和六团一、二连在水口阻击敌人，六团派出短枪排烧毁新圩石陂角公路桥，截断敌人通道。20—21 日，敌人强渡水口大河，到了新圩、坭陂、坜陂，沿途均受到一支队六团的狠狠阻击。为了保存实力，一支队六团撤至永和板子岗；边三团撤至新陂、叶塘一带。21 日，谢海筹残部 200 多人重新占领兴宁县城，胡琏部队返回丰顺。

9 月 25 日，一支队六团、边三团在粤赣湘边纵队东二支部队的协同下，县委书记姚安组织部署围攻县城计划。9月29日上午9时，由县委统一指挥部队发动总攻。六团在东门、北门发动攻城；边三团一营在新西门同时向敌人猛烈开火；边三团二营冲过坝尾桥，向高华路进攻。谢海筹带着100多人，向龙田、罗岗方向逃去。六团攻入东门、北门，直捣县政府，把红旗插在县府钟楼上。攻城战斗到中午胜利结束，兴宁城再次收复。是日下午，县委派东二支二团一营一连和一支队六团二连追击北逃的残敌。至第二天上午8时，在岗背羊古颈截击敌人，大败敌军。谢海筹带着剩下的60多个残兵向罗浮方向逃窜，至1950年8月17日，为兴梅军分区第四团的剿匪分队消灭。谢海筹被解放军战士击毙在罗岗溪美村炭窑洞里。

9月28日，在一支队六团、边三团武装攻城的同时，胡琏派出一个加强营的兵力企图增援谢海筹，从新圩、坭陂向兴城逼进，9月30日，一支队六团随即派兵围歼这股敌人，在坭陂展开激战，胡兵向畲坑大湖洋方向败退。至此，兴宁全境重新收复。1949年10月19日，兴宁县党政军民3万多人，在兴宁县城大坝里举行庆祝中华人民共和国成立和兴宁人民彻底解放的大会，欢庆胜利。

兴宁人民抗击胡谢残部的斗争取得全面胜利，保卫了新生的人民政权，保卫了人民生命财产，为解放整个广东作出了贡献。从此，兴宁人民在兴宁县委、县政府的领导下，走进社会主义革命和建设的新时代。

后　记

　　为深入学习贯彻习近平总书记关于传承红色基因、弘扬革命精神的重要论述，贯彻落实全省老区苏区振兴发展工作现场会议精神，促进兴宁市红色文化资源的挖掘整理和保护利用，展示红色精神的恒久魅力，借2021年中国共产党成立100周年、中央苏区正式成立90周年之际，根据中共广东省委党史研究室的要求，我们编辑了《广东中央苏区兴宁革命简史》。全书共分党组织的创建和大革命时期、土地革命战争时期、抗日战争时期、解放战争时期四个部分，书中内容参考了《中国共产党兴宁地方历史（第一卷）》《中共兴宁党史大事记》等书籍，在此基础上，我们做了进一步查勘、充实，并经反复讨论，几易其稿。

　　在这部书稿中，我们试图对兴宁人民在新民主主义革命时期，在中国共产党的领导下所走过的革命道路和所取得的经验作一个简略的叙述。然而，编写者虽然做了努力，但书中在史实叙述的详略、材料的取舍等方面难免有不当和考虑不周的地方。我们恳切地希望广大读者，特别是熟悉兴宁革命历史的党史研究者及曾在兴宁战斗或工作过的老同志予以批评指正。

编　者

2021 年 3 月